道路交通安全知识丛书

远离车祸50招
一位老交警的忠告

张 成 ◎ 著　　中国道路交通安全协会 ◎ 审定

车祸是可以避免的！

人民交通出版社
China Communications Press

内 容 提 要

本书作者集四十余年工作经验，在对70个交通事故案例研究的基础上，对日常行车中的酒驾、超速、超车、通过路口、倒车等的危险性及防范措施进行了深入分析，归纳总结出防范交通事故的50个常识，同时对每个常识都用打油诗的形式进行了高度概括，方便广大驾驶人记忆。

本书适合道路交通安全管理人员和广大驾驶人阅读，同时也可作为驾驶人再教育的事故案例警示教育教材。

图书在版编目（CIP）数据

远离车祸50招：一位老交警的忠告/张成著．——北京：人民交通出版社，2013.3
ISBN 978-7-114-10420-6

Ⅰ．①远… Ⅱ．①张… Ⅲ．①公路运输—交通运输事故—事故预防②汽车驾驶—安全技术 Ⅳ．①U491.31②U471.15

中国版本图书馆CIP数据核字（2013）第042102号

Yuanli Chehuo 50 Zhao——Yiwei Laojiaojing de Zhonggao

书　名：	远离车祸50招——一位老交警的忠告
著作者：	张　成
责任编辑：	王金霞
出版发行：	人民交通出版社
地　址：	(100011) 北京市朝阳区安定门外外馆斜街3号
网　址：	http://www.ccpress.com.cn
销售电话：	(010) 59757973
总 经 销：	人民交通出版社发行部
经　销：	各地新华书店
印　刷：	北京鑫正大印刷有限公司
开　本：	720×960　1/16
印　张：	13
字　数：	168千
版　次：	2013年3月　第1版
印　次：	2015年2月　第4次印刷
书　号：	ISBN 978-7-114-10420-6
印　数：	19001－22000 册
定　价：	30.00元

（有印刷、装订质量问题的图书由本社负责调换）

序

汽车改变了我们的生活节奏，提高了我们的生活质量，推动了社会的文明进步。我们在享受汽车带来的舒适和便捷的同时，道路交通事故也对我们的生命财产安全造成了威胁。由于部分驾驶人法律意识淡薄，安全理念薄弱，驾驶道德缺失，导致了大量的交通事故，吞噬了成千上万个无辜的生命。道路交通事故时刻威胁人民的生命财产安全，严重影响交通秩序和社会安定，血的经验教训需要我们认真地回顾与总结。

《远离车祸50招——一位老交警的忠告》一书中，作者用自己亲身的经历和体会，对近百个真实的典型道路交通事故案例进行分析、归纳、提炼，最后总结成脍炙人口、便于记忆的故事和打油诗，语言通俗易懂，适合大众阅读学习。作者通过惨痛的事故告诉我们，驾驶人的违法行为、无德驾驶、麻痹侥幸，是导致交通事故的罪魁祸首。"每当那些惨烈的事故场景映入眼帘时，无不为生命之脆弱而感叹，无不为一个个幸福的家庭瞬间破裂而惋惜"，作者用自己的感受真实地揭示了道路交通事故给社会、家庭带来的灾难和痛苦。

一个好的经验源于实践，一个好的理念源于坚持，一个好的思路源于用心，一本好的作品源于生活。《远离车祸50招——一位老交警的忠告》凝聚了一位长期从事道路交通安全工作的老交警的经验和实践积累。作者采用创新和写实的手法，用心诠释了"大意行车藏祸端，事故就在一瞬间，行车不可存侥幸，谨慎驾驶最安全"的理念。忠告道路交通参与者道路交通事故时刻会威胁人们的生命财产安全，每一个驾驶人都要时刻注意行车安全，预防事故陷阱，安全驾驶，平安出行。

　　本书是一本值得道路交通安全管理人员、机动车驾驶人，尤其是初学机动车驾驶者一读的好书。我真诚地希望大家都来认真读一读这本书中的故事，用心体会"呵护生命、远离事故"的真谛，学会尊重自己和他人的生命。最后，衷心地祝愿每一位读者一生平安、幸福。

中国道路运输协会　　范　立
汽车驾驶员工作委员会

编者的话

当前，随着机动车和驾驶人数量的快速增长，道路交通事故已成为人们生活中的"一大杀手"，它每时每刻都在吞噬着一个个鲜活的生命，破坏着一个个幸福的家庭。据公安交通管理部门统计，近年来，我国平均每年因道路交通事故死亡的人数都在7万人左右，而受伤残疾的人则高达数十万人。血的事实告诉我们：汽车既可以让人享受现代化的生活，也可以让人的生命瞬间即逝。据报道，自1886年世界上发明了第一辆汽车以来，全世界因道路交通事故死亡的总人数远远高于战争死亡的人数。

纵观重大交通死亡事故，有三大特点：一是"麻痹大意一瞬间"，即在事故发生时，驾驶人往往处于麻痹大意、注意力不集中的驾驶状态；二是"用自己生命为他人交学费"，即对于因交通事故死亡的人来说，因为生命不复存在，已没有接受教训、下次注意的机会了，而他用生命做代价，为他人交了学费；三是"不分贫富、不分职位高低"，即因交通事故死亡的人员中，既有普普通通的平民百姓，也有辛辛苦苦打拼了一辈子、事业做得很成功的人士。

本人从1971年参加公安交通管理工作，至今已有40多年的时间，曾接触和处理过许许多多的交通死亡事故，每当那惨烈的事故场景映入眼帘时，我无不为人的生命之脆弱而感叹，无不为一个个美满的家庭瞬间破裂而惋惜。剖析交通事故的成因，除交通肇事者无视交通安全法律法规、行车中我行我素的主要原因外，事故受害者自我保护意识差、防范能力低也是一个不可忽视的因素。为此，本人根据以往对众多交通事故案例的分析研究，归纳整理出了50个预防交通事故的常识，奉献给广大读者。可以讲，这50个常识，就是50个知识点，记住任何一点都可以终生受益，衷心地希望本书能对大家在防范交通事故、提高避险能力方面有所帮助和指导。

本书的一些内容曾于2007年以《呵护生命——道路交通安全常识例话》为名印刷出版过。此次出版，做了三方面的调整：一是六年来，随着社会的发展，国家相关部门对道路交通安全法的部分条款进行了修改和完善，根据此情况，书中的相关内容亦进行了调整；二是为书中的每个知识点配上了插图，以便读者深入理解；三是根据读者建议，书名做了调整，改为《远离车祸50招——一位老交警的忠告》。此外，本书中所有的案例原型均为真实的事故，但根据出版需要，事故中的人物、时间和地点均作了虚化和调整。

现在，我国正处于汽车大发展的时代，防范事故、保障安全，是我们每个交通参与者的共同愿望，让我们大家携起手来共同营造人人守法、人人具有自我保护意识和防范能力的良好交通安全氛围，共创一个和谐稳定的社会环境，让交通事故的悲剧不再重演，让幸福永驻每个家庭。

张　成

2012年12月

目 录

1. 切勿掉入绿灯"陷阱" ……………………………………… 1
2. 抛锚车——隐形杀手 ……………………………………… 5
3. 车辆起步环顾看 …………………………………………… 10
4. 别错把油门当刹车 ………………………………………… 13
5. 谨防"飞车"伤害人 ……………………………………… 16
6. 孩子偷开车出事,家长有责任 …………………………… 19
7. 儿童乘车"一要"、"四不宜" …………………………… 22
8. 拖拽车辆藏危险 …………………………………………… 27
9. 安全带——维系生命之带 ………………………………… 30
10. 安全行车,乘车人不是旁观者 …………………………… 33
11. 酒后开车害人害己 ………………………………………… 37
12. 亲朋好友聚会,勿劝驾驶人饮酒 ………………………… 42
13. 疲劳驾车惹祸端 …………………………………………… 45
14. 身体不适别硬扛 …………………………………………… 50
15. 超速——交通事故的祸首 ………………………………… 53
16. 新手上路"一不要"、"五不跟" ……………………… 59
17. 开车不能"只看地不看天" ……………………………… 63
18. 安全视距不容忽视 ………………………………………… 66
19. 靠边停车"两必防" ……………………………………… 71

20. 通过铁路道口，一慢二看三通过……………………………75
21. 跟随车辆"八不宜"……………………………………………77
22. 变更车道"四要素"……………………………………………80
23. 会车不当惹麻烦…………………………………………………84
24. 尾随超车害自己…………………………………………………89
25. 强行超车危险重重………………………………………………93
26. 倒车时"一禁止"、"三留意"…………………………………97
27. 夜间行车"十留意"……………………………………………101
28. 恶劣天气掌控车速最重要……………………………………106
29. 切勿与特种车抢行……………………………………………109
30. 行车中"小动作，大危害"…………………………………111
31. 心态失衡勿驾车………………………………………………114
32. 斗气又能斗出什么！…………………………………………117
33. 谦和礼让路路通………………………………………………120
34. 行至人行横道"让"为先……………………………………123
35. 没上保险，出事就"抓瞎"…………………………………127
36. 跑——永远得不到解脱………………………………………130
37. "望闻问切"防爆胎……………………………………………135
38. 大货车右转弯暗藏"杀机"…………………………………140
39. 掉落、滚动——装载之大忌…………………………………143
40. 超载行车隐患无穷……………………………………………146
41. 老年人驾车必备五招…………………………………………149
42. 春季安全行车"六要素"……………………………………152
43. 夏季安全行车"四注意"、"十做到"………………………155

44．秋季雾天行车使用灯光"五必须"……………………163

45．冬季安全行车"九必查"、"十做到"……………………165

46．事故救助有招数……………………………………174

47．自行车安全出行"六必须"…………………………179

48．行人过马路"四必知"………………………………183

49．车辆出现意外"八个怎么办"………………………187

50．防冻液使用"四注意"………………………………191

※．车辆防盗小窍门……………………………………193

后记……………………………………………………196

1 切勿掉入绿灯"陷阱"

"绿灯行，红灯停"是对每一名交通参与者最基本的要求。一般情况下，绿灯通过交叉路口是安全的。但殊不知，在某种情况下，越是安全的地方，越会潜伏着危险。因为在现实生活中，总有个别驾驶人置法律法规于不顾，随意闯红灯，这样就会在路口形成绿灯"陷阱"（这种"陷阱"，不是人为设置的，而是因人们麻痹大意所致），极易对正常行驶的车辆、骑车人或行人构成极大的威胁，甚至造成车毁人亡的重大事故。这种情况在视线不好的夜间更易发生。

某校高三学生李某，18岁，他是李家第三代单传独苗，从李家的祖辈说起，李家的人丁就不算兴旺，他的爷爷、父亲，都是一苗单传，到了李某这代又是独子一个。

李某是1986年8月出生的，在他出生前的很长一段时间内，他母亲曾因身体原因患有不孕症，为此家人十分着急，几乎成了一块心病，到处求医诊治。后经多家医院治疗，他母亲终于有孕了，他父亲以及爷爷奶奶的高兴劲就甭提了。之后，他母亲在怀孕期间，得到了全家人的百般照料，他母亲还辞掉了工作，专心在家养胎，生怕有点闪失。她母亲在临近生产还有20天时就住进了医院，图的是在医院比在家里放心。

李某出生后被全家人视为掌上明珠、未来的希望，得到百般呵护。转眼间李某已长成一个18岁的小伙子，这年，他马上就要高考了。一天晚上，在他回家的路上，悲剧发生了。那天，是个星期四，李某在学校补习功课一直到晚上 7 点多钟才往家里走。当他坐在父亲开的电动三轮车上由西向东行驶到一路口时，正赶上绿灯，他父亲下意识地加了一下油准备快点过去，不成想，当电动三轮车行至路口中间时，有一辆大货车由南向北闯红灯快速驶来，将他们连车带人撞出 20 多米远……当他的父亲在医院醒来时，李某已因伤势过重不治身亡了。

孩子的突然死亡，对李家来说犹如晴天霹雳，精神打击太大了，全家人都垮了下来。李某的母亲承受不了这种打击，一下子变得精神失常，在孩子去世的第 28 天，她从五层楼跳了下去，后经医院抢救无效身亡。他的爷爷、奶奶、姥爷、姥姥四位老人也因忧伤过度，加上年岁已大，在不到半年的时间里都相继去世了。家里仅剩下一个身有残疾的父亲。

一起事故导致一个幸福家庭的破碎，六个亲人相继去世，实在是悲惨至极！

下面再向大家讲述一个机动车驾驶人在正常通过路口时被一辆闯红灯的大货车撞死的事故案例。

1. 切勿掉入绿灯"陷阱"

一天深夜11点左右，在一家外企工作的刘某，忙碌了一天后，驾驶一辆奥拓小汽车由东向西通过一路口时，某工地的驾驶人马某驾驶一辆运渣土的斯太尔大货车，由南向北闯红灯，大货车撞在了小汽车的左侧，刘某当即被撞身亡，车辆报废。路口的监控摄像头真实地记录下了这一幕惨剧。刘某是一所名牌大学的毕业生，来京后在一家外企工作已有12年时间，逐渐由一名普通职员提升为部门经理，和同学们比，算得上是一个佼佼者。这年年初，他又圆了住房梦，新购置了一套住房，妻子、孩子一家人生活得比较美满。但是，这起事故却在一瞬间使这个幸福的家庭破碎了。

以上两起事故的肇事驾驶人全部受到了法律的严厉制裁，不仅支付了巨额的经济赔偿，被吊销了驾驶证，而且分别被判处有期徒刑三年，但作为受害者一方，生命是无法挽回的，给家庭造成的伤害也是无法弥补的。这两起案例警示广大交通参与者，当绿灯通过交叉路口时，切不可麻痹大意，一定要牢牢树立安全意识和自我保护意识。

首先自己不违法，做到红灯停、绿灯行，其次时刻提防他人闯红灯给自己造成伤害。

正确的做法是： 当驾车通过路口时，应注意观察路口左右两侧的情况，主动带点刹车，控制好车速。骑车人或行人由于自身行进速度慢，更要注意，特别是在深夜或凌晨要格外警惕，因为这个时段驾驶人闯红灯的违法现象更为多见。

总之，绝不能错误地认为：我守法了，就不会出事了。

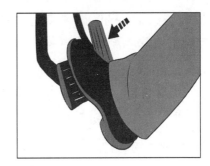

绿灯通行有隐患，大意必定藏祸端。
他人突然闯红灯，你无防范性命悬。
带脚刹车减点速，仔细观察防突然。
自我保护记心间，绿灯"陷阱"可避免。

2 抛锚车——隐形杀手

常在路上跑，车辆"抛锚"是常有的事。遇到这种情况，许多人都显得经验不足、束手无策。作为一名驾驶人，应当懂得，在车水马龙的路面上，对抛锚车应当按照《中华人民共和国道路交通安全法》及其实施条例的相关规定进行处置。否则，驾驶人一个小小的失误，随时都可能造成车毁人亡的悲剧。

一个秋末的夜晚，微风裹着寒意，一片片枯叶被秋风吹落在空旷的马路上。忙碌了一天的夏女士，正驾驶着一辆夏利车由南向北行驶在城区的环路上。这几年，夏女士的公司效益不错，每年公司所创造的利润多达几百万元，这对于一个在商海里拼搏了20多年的民营企业家来说，不能不说是一件令人欣慰的事。随着效益的好转，公司又添了两辆车。夏女士虽然已年近五旬，但最近也考取了驾驶证，为的是出入更方便一些。由于是刚考取的驾驶证，驾驶技术不够老练，她专门挑了公司一辆夏利车开着，一来是夏利车车身短，倒车入库方便；二来想先练练手，然后再换辆奥迪开。这天晚上，由于业务忙，她晚上10点才从公司出来，当车由南向北行至北京四惠桥下时，夏利车突然熄火了，怎么鼓捣就是着不了。怎么办？夏女士连忙拿起手机，给丈夫打了个电话。丈夫问："怎么了，车坏在哪了？""可能是四惠桥吧。"也许是当听到爱人车坏的消息后过于着急，也许是大意，丈夫也没多问什么，只是说："你等着，我一会儿就到。"放下电话后，夏女士的丈夫急匆匆开车向北京东四环赶去。此时，夏女士随手从车内拿出一个灭火器放在了车后面,然后因天冷,坐进了车里等候着丈夫的到来。

这条环路是一条交通主干道,交通流量相当大,尤其是一到夜间,过境的外地大货车相当多。大约过了十多分钟,悲剧发生了。一辆外地的大吨位货车行驶到夏利车所在的位置时,由于车速过快,加上超载、夜间视线不好等原因,刹车不及,将夏利车撞出几十米远。车被撞毁了,夏女士当场气绝身亡。当夏女士的丈夫几十分钟后赶到四惠桥时,看到的是一幕惨烈的事故场面,妻子刚刚还和自己通话,现在转眼间却消失了,夏女士的丈夫真是悲痛欲绝,后悔少说了一句话,没有让妻子离开车辆,到路边等着去。

事后,大货车驾驶人因超载、超速、走禁行线等违法行为,被公安交管部门判定负此次事故的主要责任,不仅吊销了驾驶证,支付了赔付款,还被判处有期徒刑一年;受害者夏女士因车辆发生故障后,未按照规定采取安全措施也被判定负有次要责任。生命是宝贵的,因一点小小的失误造成鲜活的生命瞬间即逝的悲剧,实在令人惋惜!

下面同样是一起因处理故障车措施不当引发的事故。这起事故被撞身亡的驾驶人姓孙,29岁,八年前,他父母用自家全部的积蓄给他买了一辆大货车,他从此跑起了个体运输。自打干上了这一行,小孙

2. 抛锚车——隐形杀手

依靠坚韧的性格和辛勤的付出，每年的收入都在数十万元。父母身体健康，家庭和睦，让小孙对今后的生活充满了希望。

一天，当小孙驾车由南向北行至京津塘高速公路马驹桥附近时，意外发生了，随着一声爆响，大货车的左后轮发生爆胎，车辆被迫停在了行车道上。小孙连忙下车检查，发现左后轮两条轮胎中有一条已爆裂。小孙想把车挪到路边，却又担心车太重把另一只轮胎碾坏了。"一只轮胎得上千块钱呐！"小孙舍不得。他仅在车后20米远的地方摆了一个警告标志（俗称"三角牌"），然后就支起了千斤顶，原地换起轮胎来。疾速而过的汽车从他身边驶过时，他全然不顾，"安全"二字已经被忘得一干二净。当他把坏的轮胎卸下来，绕到车后取备用胎时，一辆帕萨特小汽车从车后方驶来。由于反光警告标志设置的距离太短，帕萨特车驾驶人来不及采取措施，小汽车像子弹一样直接撞到了大货车尾部。瞬间，帕萨特车严重损坏，驾驶人受重伤，小孙也被挤撞在了大货车后部，当场死亡。小孙的父母在得知儿子发生车祸的噩耗后，精神受到了严重刺激，一夜之间两鬓斑白。而帕萨特车驾驶人也因为这次车祸双腿截肢，他年仅31岁，在一家单位任部门经理，有着一个温馨的家庭，还有一个3岁的可爱女儿。这起事故直接导致了两个幸福家庭的破碎。

"患生于所忽，祸起于细微"。以上事故，都是因为车辆抛锚后驾驶人采取措施不当而引发的。第一起事故的教训是，女驾驶人在车辆发生故障后不应坐在车里等候救援，而应该尽快放置警告标志牌，打开车辆的危险报警闪光灯（俗称"双闪"）、示廓灯，并到马路边上避让；第二起事故的教训是，驾驶人除了没按规定距离放置警告标志外，更不应该把马路当作修理厂，就地修车。

关于故障车如何处置，我国道路交通安全法律法规都作出了具体的规定，概括地讲，有以下四个方面：

一是故障车可以移动的，按《中华人民共和国道路交通安全法》

第五十二条规定："机动车在道路上发生故障，需要停车排除故障时，驾驶人应当立即开启危险报警闪光灯，将机动车移至不妨碍交通的地方停放"，夜间还要开启示廓灯和后位灯。

二是故障车难以移动的，按《中华人民共和国道路交通安全法》第五十二条规定："……应当持续开启危险报警闪光灯，并在来车方向设置警告标志等措施扩大示警距离，必要时迅速报警"。另外，《中华人民共和国道路交通安全法实施条例》第六十条和《中华人民共和国道路交通安全法》第六十八条对警告标志的设置距离规定为：一般道路上应"在车后50米至100米处设置警告标志"，高速公路上"应当设置在故障车来车方向150米以外"。

三是关于人员撤离车辆，按《北京市实施〈中华人民共和国道路交通安全法〉办法》第四十七条规定，一旦车辆发生故障，"除抢救伤员、灭火等紧急情况外，驾驶人、乘车人应当迅速离开车辆和车行道"，以防被其他车辆撞伤。

2. 抛锚车——隐形杀手

四是对在高速公路上的故障车，除按照相关规定处置外，《中华人民共和国道路交通安全法》第六十八条还规定："机动车在高速公路上发生故障或者交通事故，无法正常行驶的，应当由救援车、清障车拖曳、牵引。"

车辆抛锚莫大意，处置措施要得体。
标志码放应到位，开启双闪不忘记。
路上修车不可取，汽车靠边人撤离。

3 车辆起步环顾看

许多驾驶人习惯于上车之后打着了火就起步，忽略了车辆起步时要看一看周边情况这一必要环节，而很多事故往往就发生在这一疏忽之中。

出租车驾驶人刘师傅是一个有着十几年驾龄的驾驶人，开出租也有约八年的时间。

开出租这个行当比较辛苦，按照出租行业的话说，这行当儿致不了富，只能养家糊口。刘师傅除了开着出租车每天在街上跑来跑去外，回到家里唯一的嗜好就是躺在床上看看光盘，一是打发打发时间，二是调养调养身体，因为开车老得坐着，极易得腰肌劳损。

某天老刘路过一个马路市场，里面卖的光盘种类多、内容还挺丰富。车子刚在路边停下，就有一位妇女抱着个一岁大的孩子，凑过来问："大哥，要盘吗？"老刘把窗户摇下来问道："都有什么盘？""要什么都有，大哥您下车看看吧。"说着，妇女顺手把孩子放在了地上，拿出了一个大本子，摊开一看，好嘛，里面贴着各式各样电影光盘的封面彩图，琳琅满目，应有尽有。老刘一边挑，一边和妇女攀谈着："你这儿怎么都是图片，没有现成的盘呢？""嘿，您别提了，现在查得太严，我这都是盗版，要是不藏起来，早被城管抄了。"说着，妇女又若无其事地向老刘一一推荐起光盘来。老刘随意点了几张光盘的名字，妇女立即就把大本子揣入怀中："大哥，您稍等，我去摊上给您取光盘。"老刘回到车上，打开收音机等待妇女拿光盘回来。一支烟快抽完了，还不见妇女的踪影。眼看离交班的时间越来越近,老刘等不及了,嘴里嘟囔着:"真够磨蹭的!"他顺手把烟头扔向窗外,起动汽车就向前行驶。大概驶出30多米后,他忽然从反光镜中看到刚才那个妇女正大喊着,并挥着手向他追来,老刘冲着镜子中的人影骂了一句:"谁叫你磨磨唧唧的,不买了。"说罢,他加速扬尘而去。

第二天清晨,急促的敲门声将老刘从睡梦中惊醒,眼前警察的身影让老刘吓出了一身冷汗。一直到了交警队,老刘也不相信自己会开车撞了人。当办案交警把笔录、照片、现场图等材料拼凑成一条完整的证据链后,一切终于真相大白。原来,事发当天,这位妇女将小孩放在路边急急忙忙去取光盘,因为天已黑,字看不太清,找光盘比较费力。时间一长,不仅老刘等不及,就连小孩也闲不住了。孩子刚学走路,满地乱爬,爬着爬着,竟然爬到了车轮底下。老刘的车辆起步向前行驶时,车轮正好齐刷刷地从孩子的头上轧了过去,鲜血当即迸溅满地。而拿着光盘急匆匆跑出来的

母亲,目睹了孩子被碾轧致死的全部过程,但一切都已经太晚了……

同样的案例还有一起。一个夏日的上午,李某准备开着自己的东风"130"货车出门办点事。在车辆行驶中发现车右后轮胎有点瘪,便找到了赵老板开的修车门市部。赵老板和妻子两人从河南来北京谋生已经十来年了,由一开始给别人打工,到慢慢有了点积蓄,在朝阳区某村开了一个汽车修理门市部。虽然说每天的买卖不是特别的红火,但是比起打工的时候强多了。赵老板自己又修车又补胎,媳妇料理家务,小日子过得比在老家不知强了多少倍,令周边老乡们很羡慕。三年前,赵某和妻子得了一个儿子,给家里更平添了不少乐趣。

此时,赵老板的妻子出门买菜去了,赵老板正在屋内给孩子喂饭。

"有人吗？出来打点气！"赵老板连忙放下孩子，从屋里出来。就在给轮胎打气的过程中，赵老板3岁的儿子也从屋里跑了出来，跑到"130"货车前玩耍。驾驶人李某则坐在一旁，边抽烟边打手机联系别的事。一会儿工夫，轮胎气充足了。李某由于事急，扔给老板两块钱后，急匆匆打开车门，发动了车马上向前行驶而没有注意车前面有孩子。在车子向前行驶的一瞬间，孩子被辗轧在车轮下。李某和赵老板见状，急忙将孩子送到医院抢救，虽然李某花了几万元的抢救费用，但孩子最后还是因为伤势过重，不治身亡。

　　以上是两起比较典型的因驾驶人起动车辆时没有注意观察周边情况而致人死亡的事故案例，这两名驾驶人事后均被司法机关判处

有期徒刑两年。这两起案例警示广大驾驶人，在车辆起动前，一定要注意观察车辆前后左右的情况，尤其是车辆停放在人员稠密的地点时，更不能忽视这一点，要做到谨慎驾驶，防患于未然。

开车起步讲安全，防范事故在瞬间。
上车之前环顾看，危险永离你身边。
安全连着你我他，和谐交通靠大家。

4 别错把油门当刹车

在众多交通事故案例中，汽车驾驶人错把油门当刹车而引发的重大亡人事故并不少见，这种交通事故一旦发生，后果非常惨烈。可想而知，驾驶人突遇情况本想急踩刹车让车辆停住，却一脚踩在油门上，使车辆瞬间加速会是什么结果？

李某祖籍河北，41岁，俗话讲"三十而立，四十不惑"，他刚进入不惑之年，大学毕业后来京工作已经10多个年头了，已是个高级白领。他的爱人在一家小学当老师，儿子已经12岁了，就读于一所双语小学。李某家庭幸福，工作满意，很受同龄人的羡慕，可以说，他在他的大学同学中是一个成功者。李某于半年前考取驾驶证后，就在二手车市场购买了一辆桑塔纳小汽车。他是想先买辆旧车练练手，待一年半载后再换新车。工作之余每逢周末，他就开车拉着爱人、孩子去郊区游玩，生活过得很惬意。这年春季，还差个十来天就到"五一"假期了，全家人早早就合计着，"五一"节时要到一处水库景区游玩。临近"五一"的前一天，他的桑塔纳小汽车突然出了故障，进场修理去了，眼看着"五一"假期不能带着爱人、孩子出去玩了，李某十分着急。与他一起工作的同事小白知道此事后，对他说："头儿，我假期去江苏，我的车用不着了，你拉嫂子去玩吧。"李某很感激这名下属关键时刻帮上忙。

5月1日当天，李某驾驶着小白的自动挡别克汽车，拉着爱人、孩子一大早高高兴兴就出了家门。李某在驾校学车时练的是手动挡的车，之后买的二手车也是手动挡的，头一回开自动挡的车，他很不适应，驾驶起来总是磕磕绊绊，一路上没少受爱人讥笑："你这车技怎么越开越差了？"。上午9点多，总算到了水库景区了。当李某驾车以时速40公里的速度在大坝上行驶时，突然间，在前方靠边停着的一辆大巴车，门一开从车上跑下来四五个游客，路窄、速度快，情急中李某边转向边想踩刹车躲让，不成想慌乱中他一脚踩在了油门上，别克车向箭一样冲向前方，撞破护网后一头冲下大坝，游客虽然没有撞上，但别克车却坠落到距坝顶20多米深的水库里……

当人们打捞起别克车时，李某一家三口早已没有了生命迹象。因为这起车祸，这个幸福之家瞬间毁灭了！

说起此类事故，在人们的生活中还有很多很多，在报纸、网络上可以时常见到这样的事故报道，这样的事故怎样去预防呢？此处有三条建议供大家参考。

第一，驾驶车辆时，要确保精力集中不走神。剖析交通事故的成因，其中一大特点是"麻痹大意一瞬间"，也就是说，交通事故往往是在精力不集中的一刹那发生的，因此驾驶人在驾车时，千万不要做一些如接打手机、吸烟、聊天、吃东西等妨碍安全驾驶的动作。不然的话，一旦遇到紧急情

况，驾驶人在慌乱中极易出差错，就极有可能会出现本想踩刹车却踩在了油门上的现象，只有全神贯注、精力集中，才能在路面出现突发情况时从容应对，才不会发生踩错油门的悲剧！

第二，新驾驶人要开自己熟悉的车。在分析此类事故时发现，有不少是新驾驶人事故。由于他们在驾校学习时用的是手动挡的车，而发生事故时，他们大多都是初次驾驶自动挡的车。因此，建议新驾驶人一是不开自己不熟悉的车型；二是在较长一段时间内应有老驾驶人

4. 别错把油门当刹车

陪同，待技术熟练后再单独开车不迟。

第三，即便是老驾驶人，当经常开惯了手动挡的车，初次开自动挡的车上路时，应先熟悉一下车的性能，找个条件好的地方练练车，再正式上路。有不少类似的事故，事后驾驶人都后悔地讲："以前从未开过自动挡的车"。据有经验的驾驶人介绍，当长期开手动挡车的驾驶人偶尔开自动挡车时，可以把"用不着"的左腿有意识地向后收一收，一来可以防止左腿忙时添乱；二来可以下意识地提示自己所开的车型不同，使心里有所准备。

变换车型需谨慎，防范车祸最为重。
突发情况别慌乱，油门刹车要分清。
熟练技术加警惕，生活无忧乐融融。

5 谨防"飞车"伤害人

近几年,在北京的环路或高速公路上,经常发生汽车在正常行驶中被对面"飞"过来的车辆砸中,导致车毁人亡的重大事故。这种事故由于意想不到,加之双方车辆行驶速度相对较快,一旦发生,后果非常严重。那么这种事故怎样才能尽量避免呢?希望本文所举的案例,能警示交通参与者,从事故惨痛的教训中得到一些启示,增加一些防范意识。

老刘年近50岁,是一位有30多年驾龄的驾驶人。18岁当兵,就在部队开车,转业到了北京某单位后,又一直从事驾驶工作,成为单位仅有的五名专职驾驶人之一。在30多年的驾驶经历中,老刘开车基本上没出过什么差错,不仅从来没有发生过交通事故,就连交通违法受到交警处罚的事也很少。几乎年年被区交通安全委员会评为"模范驾驶员",多次取得"安全驾驶先进标兵"称号。坐过老刘车的同事都这样评价:"老刘不仅车开得稳,为人也十分谦和。"

老刘除了在单位口碑比较好外,还有一个幸福美满的家庭。妻子在一家公司当会计,女儿就读于河北廊坊市某大学。每年寒暑假后,都是老刘开车拉着夫人,一同陪孩子返校。

一个星期天的下午,孩子休完暑假要返校了,正赶上老刘休息,老刘像往常一样,开着桑塔纳车,拉着老伴,带着孩子,驶上了去往廊坊的京津塘高速公路。一路上,一家人兴高采烈地聊着假期里游玩的趣事,享受着难得的惬意,欢乐的气氛洋溢在车厢里。车子沿着高速公路向前飞驰着……

此时，北京某文化传媒机构的一辆别克小汽车，正顺着京津塘高速公路进京方向由南向北行驶着。车由李某驾驶，车上坐着该单位的一位领导赵某，他俩刚刚从天津办完事往回赶。在此次天津之行的两个月前，赵某刚考取了驾驶证。

此时，看到高速路上视线比较好，车也不算多，他想趁机在路上练练手。"小李子，你歇会儿我来开开。"因为赵某是领导，李某也不好意思拒绝，便将车停了下来，两个人互换了位置。在行驶中，赵某开得越来越快，以130公里/小时的速度始终沿着高速公路的最内侧车道向前飞驰。这时，受右侧一辆疾驰而过的车辆的影响，赵某由于经验不足，车辆突然失控，车身先是撞到了道路中央的隔离护板，紧接着冲破中央隔离带，径直翻滚到了对向车道……，此刻，正赶上老刘的桑塔纳车从相对方向的内侧车道高速驶来。"铛"的一声巨响，横祸从天而降，翻滚过来的别克车砸在了老刘驾驶的桑塔纳车上。两辆高速行驶的汽车砸撞在一起，后果是可想而知的。老刘和老伴、女儿三人当场身亡，桑塔纳车成为一堆废铁。别克车上的赵某和李某也当场死亡。仅仅一瞬间，五条鲜活的生命消失了。

应当引起大家重视的是，在日常生活中，这样的交通事故是比较多见的。几年前在北京曾接连发生过两起这样的交通事故，一起发生在南五环，一辆重型大货车由西向东行驶时，由于和同方向行驶的一辆小汽车发生剐蹭事故，大货车失控后翻到了对向车道，接连砸撞了4辆小汽车，造成7人死亡。

另一起事故发生在首都机场高速公路上，当时一辆满载20多名乘客的大客车，在行至机场高速公路进京方向某桥附近时，因雨天路滑，大客车突然失控翻过高速路中央隔离护栏，将对向内侧车道上一辆高速行驶的黑色别克商务车砸扁，造成别克车内一名乘车人和大客车内一位乘客当场死亡，另有2人重伤，19人轻伤。

上面所列举的,都是正常行驶的车辆意想不到地被对向侧翻过来的车辆砸中,致人员无辜死亡的事故案例。那么,有没有办法预防对面"飞车"的事故呢?答案是肯定的。

作为一般安全常识来讲,车辆在高速行驶中,应当尽量在第二条车道行驶,不要长距离在最内侧车道行驶。例如,高速公路大都设有中心绿篱,按照安全视距来讲,实际上在驾驶人的左侧已经形成了视线的盲区,看似很安全,其实对对向车道的情况无法判断。一旦对向车道发生事故,有车辆翻滚过来,将会使驾驶人猝不及防,没有一点躲避的余地,

再有经验的驾驶人,也没有办法。为此,提醒广大驾驶人,从确保安全视距的角度考虑,在高速公路上行车时,要尽量在第二条车道上行驶,这样可以将两侧的情况纳入你的视线之内,一旦有情况,会尽可能多地争取到一点反应时间。

空中"飞车"突降临,无辜驾驶人遭不幸。
选择车道要注意,内侧车道勿长行。
莫让悲剧再重演,前车之鉴要警醒。

6 孩子偷开车出事，家长有责任

随着汽车逐步走进寻常百姓家，私家车的管理已成为一个新的话题。许多车主在回家后，经常把车乱停乱放，把钥匙随手往家里一扔。殊不知，如果看管不好，车钥匙一旦落入孩子的手中，孩子偷偷独自驾车上路，交通事故难以避免。

小强是某艺术学校的学生，留着一头前卫时尚的"爆炸式"发型，他从上到下一身名牌打扮，花钱从来都大手大脚。小强的家在东北，父亲是一位生意人，家境比较好。前不久，一家人迁居到北京，住在北京一处著名别墅区。小强从小就喜欢汽车，8岁时，就在父亲的指导下开始摸桑塔纳车了，时不时由他父亲指导，还上路"开开车"。此后的8年间，小强常常去各种赛道开车，卡丁车、跑车、改装车等各式各样的赛车都开过，用他自己的话说："我对自己的开车水平非常有信心。"

转眼间，小强还差一个月就满16岁了。刚过完春节，小强的父亲就去外地做生意了，家里就剩下妈妈和他了。一天下午放学后，小强回到家里，百无聊赖地玩着电脑游戏："真没劲，去哪玩好呢？"晚上11点多，手机响了，是他的一个小伙伴儿打来的。

"干吗呢？小强。"

"还能干吗，家里待着呢！"

"真老土，快出来吧，咱们'蹦迪'去，大家都等着你呢。"

"行，我马上过去！"

说罢,小强立即脱下宽松的睡衣,换上了一套紧身牛仔装,抓起钱包就准备出门。"哎……"他小眼珠一转,心里突然想出了一个主意。他悄悄溜到父母的卧室内从鞋架子上的罐子里熟练地摸出一串车钥匙,"哈哈,终于又能试试手啦!"小强兴奋地拿着这串车钥匙直奔地下车库,不一会儿,一辆黑色的奔驰350汽车,在小强的驾驶下转眼间消失在了夜色之中。

小强开着这辆车驶入了建外大街,他准备到某迪厅去找几个朋友玩。可他在建外大街由西往东行驶时,车驶过了头,他一看路上没警察,就准备从前面路口赶紧掉头返回。可谁知,就在他掉头的瞬间,从路口北侧行驶过来一辆自行车,小强几乎没来得及采取任何措施,一下就将骑车人撞飞了出去。他十分害怕,慌不择路地驾车逃离了出事地点。交通交警很快到达了出事现场,被撞的骑车人是一位40多岁的工人,因伤势过重已经当场死亡了。通过现场勘察,交警发现地面上有少量遗留的肇事车辆的黑色漆片,并根据目击者提供的车牌号,连夜找到了肇事者小强。

这是一起比较典型的未成年人驾车肇事致人死亡的事故。在此提示家长们,一要保管好自己的汽车,不要将钥匙乱扔乱放;二要教育好孩子,尤其是对爱摸车又没有驾驶证的孩子,更要教育到位。一旦

6. 孩子偷开车出事，家长有责任

孩子偷开车出事，不仅仅是经济损失的问题，对孩子的成长、前途等都会造成巨大的影响。再者，孩子偷开车，也极易造成孩子自身的伤害，轻者受伤，重者死亡，以往在这方面出的事故并不少见。所以，家长们一定要负起监护责任。

敬告驾驶人

孩子从小不娇养，首位责任是家长。
车辆钥匙未收好，孩子偷开怎得了？
一旦车祸出人命，害了孩子毁家庭。

7 儿童乘车"一要"、"四不宜"

随着人们生活水平的提高,汽车已经进入千家万户,成为许多家庭常用的代步工具。现如今对许多孩子来说,汽车再也不那么神秘,从上幼儿园、上小学再到上中学,现如今许多孩子的出行经历都是在汽车上度过的。

但在我国,儿童乘车的安全保护工作尚处于起步阶段。据有关调查结果显示,我国八成以上的家长并不清楚怎样保护儿童安全乘车,国内汽车中则有七成以上没有有效的儿童安全保护装置。而在汽车工业领先的欧洲,儿童安全乘车常识已经深入人心,保护孩子乘车的安全问题已经不是仅限于个别家庭考虑的事情,而是成为了一种社会责任。据公安部交通管理局统计,我国每年死于道路交通事故的人中,每10位中至少有1人是儿童。在我国,交通事故已经成为造成儿童意外伤害的"第一大杀手"。

有两起这样的事故,一起是一辆桑塔纳出租车和一辆依维柯汽车相撞,一名3岁女孩因坐在前排,被撞飞出车外,摔死在路边;另一起是一名男士开车旅游途中,在通过一路口时,突然发现前方有行人横穿马路,情急之下一个急刹车,坐在前排的6岁的儿子一头撞在挡风玻璃上,脸上当即血流不止。

俗话说"车行万里,安全第一"。儿童这一参与交通的弱势群体应如何做到安全乘车呢?每一位家长都应该认真思考这个问题。下面给广大家长介绍一下乘车时保护儿童的正确方法,具体概括为"一要"、

7. 儿童乘车"一要"、"四不宜"

"四不宜"。

一、"一要"安装儿童座椅

当前,大量事实证明,机动车安装使用儿童专用座椅是保护儿童乘车安全的一项有效措施。随着汽车逐渐进入百姓家庭,儿童专用座椅已越来越得到年轻夫妇的青睐。在这里提醒家长,使用儿童座椅的方法一定要得当。在孩子的成长过程中,家长至少要购买两个不同种类的汽车安全座椅。

3岁以下的婴儿乘车时应该被安置在后向式座椅里。随着孩子不断长大,后向式儿童座椅不再适用于年龄超过4岁或体重超过18公斤的儿童。此时,应该改为面朝前方座位加高的儿童安全坐垫,并以安全带固定身体的方式乘车。加高坐垫可以确保儿童正确的乘坐高度,让安全带从身体正确的部位绕过。儿童佩带安全带的正确方法应该是:上身安全带必须从肩部中央的地方及胸前绕过,尽量减少空隙;腿部安全带则应从大腿上方髋骨处绕过,绝对不能跨过腹部。

许多家长都觉得,车辆低速行驶时,并不危险,没有必要为孩子采取安全防护措施。然而事实并非如此。儿童乘车时必须获得保护,因为据有关部门验证,在发生车祸时儿童本身就会成为一种动力而发挥作用。即使发生碰撞时的汽车时速仅为50公里,体重20公斤的儿童自身的冲击力也会超过1吨。在汽车时速达到70公里时发生的正面碰撞中,一个没有采取任何防护措施的儿童,其自身产生的冲击力可高达3吨!这巨大的冲击力足以使孩子击碎挡风玻璃并被抛到车外。这就不难理解为什么没有系安全带的儿童一旦发生车祸就很容易受到伤害。

二、"四不宜"

1. 12岁以下儿童不宜坐副驾驶位置。

有的家长说："我的车子有安全气囊，把孩子放在前排，系上安全带行不行？"确实，安全气囊作为一项安全装置，一般意义讲，对于预防事故伤害很有效。然而对于儿童，安全气囊有时会起到相反的作用。

在某市区道路上，一辆马自达小汽车与一辆索纳塔出租车相撞。"啪"的一声，出租车内的气囊弹开了，坐在副驾驶位置的一个不满5岁的孩子被气囊深深埋住。"幸亏有气囊。"那一瞬间，出租车驾驶人暗自庆幸。但随着一声惊呼，"我的孩子不行了！"坐在后座的父亲撕心裂肺地喊着……救护车以最快的速度将小孩送到了医院，但在进急诊室抢救那一刻前，孩子就已没了呼吸。医生说，孩子的死亡原因是因为受到猛烈撞击后颈椎滑移，导致颈髓损伤。

据分析，对于成年人来说安全气囊是安全的保障，但对儿童来说恰恰相反。儿童肌肉骨骼较成年人脆弱得多，汽车安全气囊张开时的冲力很有可能造成儿童胸部骨折、窒息、颈椎骨折等严重问题。多年前，美国也曾发生过一起5岁男孩坐在前排座位，结果被打开的气囊折断颈部致死的惨剧。

2. 家长不宜抱着孩子乘车。

有的家长认为："我们把宝宝抱在怀里不就没事了吗？"，在街头会经常见到爸爸开着车，妈妈抱着小宝宝坐在前排的情景。其实这种

7. 儿童乘车"一要"、"四不宜"

做法是很危险的,确实你会感觉到坐在腿上的孩子很轻,然而即使当汽车在时速20公里的低速下发生碰撞,孩子自身产生的冲击力也会重得像一台冰箱,家长根本无力也无法及时给孩子提供保护。

再者,因为孩子坐得比较低,头部刚好在家长的胸部,如果发生猛烈碰撞,家长的胸部会自然向下压,猛烈压向孩子的头部,这会对孩子造成极大的伤害。

还有一个比较残酷的说法是:把孩子抱在怀中,一出车祸,孩子就成了大人的"安全气囊"。因为在惯性的作用下,车祸发生时家长不可能来得及保护孩子,很有可能在惯性和冲击力的作用下,对怀里的孩子形成挤压造成二次伤害。

实验证明:一名体重50千克的成年人怀抱一个重10千克的小孩坐车,当车速在每小时50公里时发生正面碰撞,大人的瞬间冲力约为1380千克,小孩的瞬间冲力约为276千克;当车速在每小时80公里时发生正面碰撞,大人的瞬间冲力约为2222千克,小孩的瞬间冲力约为444千克。而人的骨骼承受能力,股关节承重为身体体重的3~4倍,膝关节是5~6倍,小腿骨能承受700千克的力,扭曲的负荷力是300千克左右。由此可见,即使在车速并不快的时候发生车祸,人体骨骼也承受不住自身和小孩产生的巨大的瞬间冲力。最终的结果是:小孩从父母手中脱离而出,像子弹一样飞出去。

3. 不宜让孩子在后排玩耍。

家长为了不让孩子纠缠自己,也为了全神贯注地开车,便让孩子在后排座上独自玩耍。车子在行驶时,孩子肯定会随之东倒西歪,如果撞到车内硬物的话,那么肯定会受伤。另外,就算有大人陪同也不宜让孩子在车后排玩耍,因为一旦出事故,大人有时也会很难照顾上孩子。此外,从

设计上来说，后排座椅在汽车发生撞击时，可以用来吸收后方来车的撞击力。所以，把孩子独自放在后排实在是不太安全，孩子在后排乘坐时一定要乘坐儿童安全座椅。

4. 不宜让孩子头部探出窗外。

家长把天窗或者车窗打开，让孩子探出头去看窗外的风景，也是不安全的，驾车的家长开启天窗或者车窗时，一定要照顾好自己的孩子。孩子有时淘气，不知深浅，需要你时时叮嘱，时时保护。

这里还要特别强调，汽车以180公里以上的时速行驶时发生碰撞事故，任何安全措施都将无法保护车内乘员的生命安全，只能靠个人运气了。所以，请务必不要超速行驶。否则，不仅没法保护自己的孩子，连你自己都保护不了。

驾车举家外出中，儿童安全更为重。
警惕车辆急刹车，儿童座椅保太平。
为防"宝贝儿"受伤害，安全知识要记清。

8 拖拽车辆藏危险

车坏在路上,"前不着村、后不挨店"的,着实令人烦。但烦归烦,当你请朋友拖拽车辆时,可千万别忘了交通安全。因为,拖拽车辆隐藏着危险,方法不当,随时都可能引来麻烦。

一天深夜,送完货准备下班的张某驾驶大货车回单位。当行驶到京通快速路时,忽然间,大货车无论怎么加油就是不向前行驶了,原来是供油系统出现了故障。因为车辆坏在主路上,附近找不到修理厂,老张焦急之余连忙给单位打电话,让单位来车帮助拖一下。半小时后,韩某开着一辆大货车赶到了。随后,韩某用一根20多米长的绳子,拖拽着张某的大货车,慢慢地向东驶去。由于张某的大货车处于熄火状态,刹车不起作用,韩、张二人也担心出事,就慢慢地往前移动着。渐渐的,车辆下了京通快速路向北拐去,进入一条机非混行的道路,当两辆车相互拖拽着,一前一后由南向北行驶到某路口时,有一位骑车人见两辆货车开得比较慢,且中间还有20多米的空当,欲快点骑从两车之间穿过去。结果,自行车绊在了拖车的绳子上,骑车人连车带人摔在了两辆货车之间。前车韩某没有看到这种情况,还继续往前行驶着,可后车张某面对这种情况只能干着急,因为车根本就停不住,张某的大货车将骑车人碾轧在了车轮之下。当两辆车停下之后,骑车人因身受重伤,在去往医院的路上不幸死亡。

事后,驾驶人韩某和张某分别受到法律的严肃处理,其中韩某还被判刑入狱。

如何才能正确地牵引车辆呢？《中华人民共和国道路交通安全法实施条例》第六十一条中有着明确的要求，概括地讲，有以下五个方面。

第一，"对制动失效的被牵引车，应当使用硬连接牵引装置牵引。"

第二，"使用软连接牵引装置时，牵引车和被牵引车之间的距离应当大于4米小于10米。"

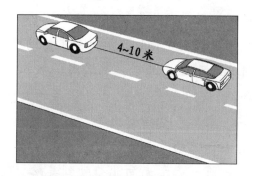

第三，"被牵引的机动车除驾驶人外不得载人，不得拖带挂车。"

8. 拖拽车辆藏危险

第四，"被牵引的机动车宽度不得大于牵引机动车的宽度。"

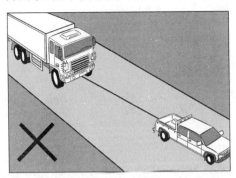

第五，"牵引车和被牵引车均应当开启危险报警闪光灯。汽车吊车和轮式专用机械车不得牵引车辆。摩托车不得牵引车辆或者被其他车辆牵引。转向或者照明、信号装置失效的故障机动车，应当使用专用清障车拖曳。"

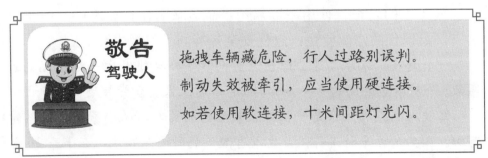

敬告驾驶人

拖拽车辆藏危险，行人过路别误判。
制动失效被牵引，应当使用硬连接。
如若使用软连接，十米间距灯光闪。

9 安全带——维系生命之带

安全带于1959年问世，在汽车的发展史上，它比汽车的安全气囊早了许多年。现如今，安全带已被人们形象地比喻为"生命带"。小小安全带怎会这样神奇呢？据交通事故调查资料显示，在发生事故的时候，从汽车内抛出的驾驶人和副驾座上的乘客，有75%的人会因伤势过重而死亡，而安全带是防止车内人员在事故中被抛出的最好保护装置。研究表明：在一次可能导致死亡的事故中，系好安全带能使车内人员生还的几率提高60%；在发生正面撞车时，如果系了安全带，可使死亡率减少57%，侧面撞车时可减少44%，翻车时可减少80%。令人遗憾的是，尽管安全带可以挽救生命，几乎所有的汽车又都配备了安全带，《中华人民共和国道路交通安全法》也明确规定机动车驾乘人员应当使用安全带，但在日常生活中许多人交通安全观念淡薄、自我保护意识不强，在驾车或乘车出行中没有养成系安全带的良好习惯，甚至把系安全带当成了摆设，只有遇到警察时才勉为其难、装模作样地在身上扣一下，敷衍塞责之状可以想象。面对居高不下的道路交通事故死亡率和居低不上的安全带使用率，那句"命运掌握在自己手中"的至理名言，最现代的注解就是：忽视安全带等同于忽视生命。

一个夏夜，京承高速公路出京方向3.5公里处发生一起特大交通事故，一对衣着时尚的青年男女，因开车时未系安全带导致双双身亡。

驾驶人小齐的父亲是一位做服装生意的商人，从小家里对他疼爱有加。因为父亲平时工作忙，也没有太多的时间照顾他，在小齐20周

9. 安全带——维系生命之带

岁生日那天，父亲就把一辆红色的法拉利跑车送给他作礼物。跑车拥有火红的车身，强劲的动力，小齐对它非常喜欢。不久后的一天，小齐在一个时装博览会上认识了年轻的女模特小周，其美丽的脸庞、高雅的气质深深地吸引着他。随后，两个人越聊越投机，当天晚上，小齐就约小周一起共进晚餐。在第一次愉快的晚餐过后，为了增加点气氛，小齐向小周提议道："咱们一起开车去兜兜风吧！""好啊！"小周兴奋地回答道。在茫茫的夜色中，火红色的跑车驶上了京承高速公路，伴随着大功率发动机欢快的轰鸣声，两个人尽情享受着速度的快感。不知不觉中，车速已经达到了280公里/小时。小周不禁有点害怕了，说道："太快了，太快了，你开慢点吧！"小齐把脸转向右侧一笑："我的技术你还不放心吗？"可就在他转头的一瞬间，因车速太快，车辆瞬间跑偏了方向，一下子就撞在右侧护栏上，随即侧翻进入路沟……

交警迅速到达了现场，借助勘察灯的灯光，事故现场很快就清晰地呈现在众人面前。交警粗略估算了一下，从高速公路中间车道的第一条汽车制动印算起，车辆在地面上留下了多条不规则、颜色深重的轮胎划痕，延续长达260多米远。再往前看，道路上有一处右侧隔离护栏被撞击脱落。在路边的深沟里，一辆红色的法拉利跑车四脚朝天，在车前方10多米和车后方20多米远的地方，有两名衣着时尚的青年男女分别平静地躺在那里，浑身沾满了鲜血，二人均已死亡。在随后的现场勘察中交警发现，二人的死亡原因是，未系安全带被车辆甩出后摔伤致死。尽管当时车速非常快，但这辆红色法拉利跑车，在经历了螺旋前冲、撞击金属护栏和跌入深沟等一系列巨大的撞击之后，车本身没有受到多大的毁坏。特别是在车辆侧翻、气囊全部弹开的情况下，该车的前挡风玻璃居然都没有破碎，可见这车比较结实。如果二人系上安全带不被甩出的话，很有可能保住性命。

以上说的是一个真实的不系安全带致人死亡的事故案例。下面要介绍的，是一个系安全带保住驾驶人和乘车人性命的案例。

一个下午,京沈高速公路发生一起车辆侧翻的交通事故。交警到现场后一看,心里立刻就凉了半截。只见在高速公路的跨线桥处,一辆黑色的别克小汽车翻入路边4米多深水泥砌筑的排水沟里,车的前脸基本上被撞毁了,前挡风玻璃完全破碎,两个气囊也已经打开,很显然是在高速行驶状态下遭受到了巨大的撞击力,车上的人肯定是没救了!可就在几十米以外,一对青年男女互相搀扶着坐在沟边上,过去一问,竟然是别克的车主。开车的男青年腿骨折了,副座上的女乘客头皮轻微擦伤,都没有生命危险。原来,这小两口都是东北人,刚结婚不久,准备开着亲戚的车回家过元旦,因为一路上尽顾着聊天,还没出北京,一不留神就出事了。后来小伙子在上救护车前说的一句话让人感受颇深,他说"不瞒您说,警察大哥,要不是上次因为我没系安全带被交警罚,我俩还真想不起系这玩意儿,真是安全带救了我俩的命啊!"

真可谓:"小小安全带——维系生命之带。"大量的事实证明:安全带是保护驾乘者生命之带,忽视安全带就等同于忽视生命。因此,严格遵守《中华人民共和国道路交通安全法》第五十一条:"机动车行驶时,驾驶人、乘坐人员应当按规定使用安全带……"的规定,对于保护人身安全是非常重要的。

行车要系安全带,驾乘人员莫等闲。
千钧撞击迎面来,安全带下生死间。
侥幸心理不可有,遵规守法保平安。

10 安全行车，乘车人不是旁观者

"我是乘车人，又不掌握方向盘，难道能与行车安全沾上边儿吗？"存在这种疑问的人，在我们身边恐怕不在少数。很久以来，每当人们乘车外出时，总是习惯性地认为，旅途中保障行车安全、避免交通事故是驾驶人的事，哪儿会与乘车人沾得上边？但事实告诉我们，乘车人也是交通参与者，乘车人的每一种行为都可能与行车安全息息相关。

盛夏季节，某大学所属的30多名员工，在某旅行社的组织下，兴高采烈地游览了北戴河风景区。在导游小王的精心安排下，大家在3天的时间里玩得非常开心，游泳、钓鱼、坐船、篝火晚会等各种活动样样不少，几乎全都玩了个够，大家对导游小王的行程安排非常满意。旅游的最后一天，一行人在海鲜餐厅吃完午饭后启程返回北京。孙师傅开着金龙大巴车，沿着京沈高速公路往北京赶。刚开始上路时，因为路途长，导游小王为了路上的安全，主动坐在离驾驶人最近的右侧座位上，陪驾驶人聊天看路。当车辆驶出100多公里后，由于是中午时分，车上的20多名乘客都有点犯困了，相继打起了瞌睡，甚至有的已经打起了呼噜，已酣然入睡。这时，小王的困意也来了，眼皮不住地打架，话也少了，渐渐的，他也随着大多数乘客的鼾声不知不觉地睡着了。

孙师傅开着金龙大巴车在高速公路上高速行驶着，马路又宽又直，比较空旷。车厢内除了人们的鼾声，交谈笑语声已经全没了。开着开着，车辆已经驶离山海关近200公里,离北京越来越近了。而此时,受车厢内鼾声的影响,加上长途驾驶比较疲劳,孙师傅一阵儿一阵儿地犯起了迷糊,眼皮像粘了胶水一样不住地往一起凑。他强打着精神,时不时用手揉揉双眼,拍拍脑门,心想再坚持50多公里就到北京了。

这时,孙师傅实际上已经处于十分困乏、反应迟钝的状态。当他驾车行驶到距北京18公里处时,前方的主路上有一辆大货车因故障停在了路中间,孙师傅临近时才突然发现前边的车是停驶的,紧急中下意识地往右急转向,并猛踩刹车,但是大客车的左前角还是撞在了大货车的右后部,大客车一下子冲撞到了路右侧防撞板上才停了下来,车上的乘客不同程度受了伤,其中7位伤势较为严重。由于大客车的接触点正是驾驶人所在的位置,孙师傅的双腿被撞得粉碎。当救援人员把孙师傅从车内救出来的时候,他的双腿已经与身体分离了,后虽经医院抢救保住了性命,但是造成终身残疾。更险的是,出事地点防护板的下方,是近5米深的大水塘,如果没有防护板将大客车挡住,后果更是不堪设想。

乘车人出行前做一些必要的准备,也是十分重要的。尤其是乘坐长途汽车出行的时候,提前上趟厕所、买点矿泉水备用、带点晕车药等,都有益处。万一在高速公路上出现"内急",不仅尴尬,也容易憋坏了,情绪急躁的人还可能出现过激的行为。

10. 安全行车，乘车人不是旁观者

一天中午，一辆去往辽宁鞍山的京通牌大客车正行驶在京沈高速公路出京方向的道路上。车上满载着51名乘客，大部分都是来北京观光后回东北老家的。大家彼此之间聊着在北京的所见所闻，车厢内一片欢声笑语。然而，坐在车厢后排的老刘心里却总是烦躁不安。原来，老刘几天前从鞍山老家来北京看望上大学的女儿，这天上午和女儿告别后，他独自来到长途汽车站坐长途客车准备回家，由于车站人多，时间又紧，出发之前老刘没来得及上厕所方便一下，汽车起动后只好忍着。

当大客车驶出北京市区大约10多公里后，老刘终于再也憋不住了，他快步走向汽车前排，对驾驶人喊道："师傅，停停车吧，我想下车方便一下。"听到老刘的话后，驾驶人愣了一下，略带歉意地说："老同志，高速公路上不能随便停车呀，等到了前面的服务区再说吧。"驾驶人说的也是实际情况，因为道路交通安全法规定高速公路上不准随便停车。听到驾驶人的回话，老刘嚷嚷道："那还要等多久啊？""大概半小时吧。""那我可等不了，你靠边停几分钟能有什么事啊？"就这样，两个人你一言，我一语，话越说越僵，逐渐变成了争吵，但大客车驾驶人依然坚持原则，不打算停车。这下可把老刘急坏了，情急之下，他纵身上前，没等周围的人反应过来，就和驾驶人抢方向盘，使劲向外转，意思是强行让其停车。驾驶人对老刘的这一举动毫无防备，刹那间，高速行驶的大客车一下失控，急驶中翻入了路侧的边沟，车厢内顿时哭喊声一片……一起特大交通事故瞬间发生了。这起事故造成3人当场死亡、多人受伤。肇事的老刘也为此锒铛入狱，被追究了法律责任。

以上两起事故，假设乘车人不集体犯困打盹儿，留有专人和驾驶人说说话、提提醒，帮助观察路况；假设乘车人在上车前解决了"内急"的事，结果可能会有所不同。《中华人民共和国道路交通安全法》第二十二条规定："任何人不得强迫、指使、纵容驾驶人违反道路交

35

通安全法律、法规和机动车安全驾驶要求驾驶机动车。"因此,乘车人绝不是安全行车的旁观者。

前面有服务区,累了休息一会儿吧。

敬告驾驶人

乘坐大巴外出游,安全意识时时有。
嬉笑打闹要适度,鼾声连片司机愁。
前方路况该如何?帮助司机向前瞅。

11 酒后开车害人害己

现如今，不管是在城市，还是在农村，因驾驶人饮酒后驾驶机动车而导致交通事故发生的现象比较普遍。"酒后驾车"已越来越成为影响道路交通安全和社会和谐稳定的一大公害。综观酒后开车肇事的众多事故案例，其中一个很主要的原因是：不少驾驶人对酒后开车的危害缺少足够的认识，对社会、对生命，乃至对自己缺乏责任。一次次血的教训在反复证明：酒后开车害人害己！

不久前，在一立交桥处发生过一起别克车坠桥导致6人死亡的重大交通事故。这起事故就是一起驾驶人酒后开车肇事的典型案例。

别克车驾驶人小毕是一名22岁的江西小伙子，5年前从农村老家来城市打工，在转了几家单位后，终于在一家私企扎下了根，负责为单位开班车。闲暇之余，他喜欢上网，因为在这个虚拟的世界里，他可以把自己平时不愿向别人说的话毫无顾忌地讲给那些陌生人听，尽情释放自我。久而久之，他成了一家著名网络论坛里的常客，结识了许多颇有共同语言的网友。眼看着新年就要到了，网上一个叫"绿竹"的网友向大家发出了邀请，建议几十位网友一起聚一聚，这个建议得到了小毕和其他网友的响应，大家最终定于某日下班后18时在某餐厅举行第一次聚会。由于彼此不相识，大家网上约定，见面时的信物为每人手里拿一枝玫瑰花。

小毕提前10余天就做好了赴约的准备，洗了洗西服，把当日的工作都安排开。这天终于到来了，下午刚一下班，小毕就急匆匆地换好那身笔挺的西服，开着单位那辆崭新的别克小汽车奔往约会地点。但无奈的是，一路上遭遇堵车，紧赶慢赶，最终还是迟到了。当小毕气喘吁吁地走进餐厅大堂时，服务员见他也手拿着玫瑰花，猜出他也是来赴约的。便问："您也是网友聚会的吧，来的客人都在第五号包房。"小毕走进包房，房间里已坐满了人，其中有40多岁的中年人，也有20来岁的花季少女，大家彼此亲切地称呼着网名，聚在一起热热闹闹地聊着天，彼此间丝毫没有陌生感。坐在餐桌正位上的"绿竹"大姐问道："你是'挑战者'吗？就差你一位了。"小毕连忙回应道："真对不起，路上有点堵车，来晚了。"在大姐爽朗的招呼下，他很快就融入热烈的氛围之中。大家一边吃饭，一边聊天。高兴之际，小毕也随着大家频频举杯，不一会儿，三两多白酒就下肚了。

不知不觉，时间已经到了夜里11点，路远的人已陆陆续续回家了，还剩下小毕和七八位年轻网友，他们觉得还不尽兴，又转移阵地，来到了南三环路附近的一家歌厅。在美轮美奂的灯光中，他们尽情地狂欢，觥筹交错中，2瓶红酒和12瓶啤酒又相继被他们一扫而光。

俗话说"天下没有不散的宴席。"凌晨1点半，聚会结束了，因为顺路，"绿竹"、"林妹妹"等5个人就搭小毕的顺风车回家。路上，大家仍然余兴未消，在车里说笑着。而此时，谁也没有注意到坐在驾驶座上的小毕。他脑袋昏昏沉沉的，感觉自己身上的每一个细胞都达

11. 酒后开车害人害己

到了兴奋点。他握着方向盘,只知道不停地加速、加速、再加速,借着酒劲儿往前疯开,把车速逐渐提高到了100多公里/小时,左超右超的感觉真是痛快!转眼间,车子由南向北行驶到了某立交桥上,他依然使劲地踩油门。"哎,小毕,去我们家应该往西转弯了。""噢,知道啦。"但他还是不减速。当车子从坡上高速冲下来,准备进入右转弯匝道的时候,由于速度太快,汽车完全失控,如脱缰的野马一般疾速冲撞桥区护栏,一头扎落到深达12米的桥底。瞬间,车上5人当场死亡,另一人经医院抢救无效两天后也死亡了。后来,经过公安交通管理部门鉴定,小毕每百毫升血液中的酒精含量达到了117.4毫克,属于重度的醉酒驾车状态。

2010年5月9日,在北京长安街祁家园路口上演了一时轰动全国的英菲尼迪交通肇事案,驾驶人也是因酒后驾车惹的祸。

当天是个星期日,英菲尼迪的驾驶人小陈在忙碌一周后,相约与几位朋友于当晚来到一家酒吧聚会,推杯换盏间,时间不知不觉已经到了次日凌晨,小陈驾车拉着几位朋友返家途中,行驶到祁家园路口时,适有一辆菲亚特小汽车在路口北侧等红灯准备向南行驶,英菲尼迪车从后方驶来未采取任何措施,一下子撞上菲亚特汽车尾部,菲亚特汽车被撞出去几十米远,三厢车几乎撞成了两厢车,菲亚特车中所载一家三口,2人被撞死,1人受重伤。受害人本是一个幸福的家庭,夫妻二人均30岁出头，分别毕业于北京两所名牌大学，同时二人都在很有名气的外企工作，夫妻俩有一对6岁大的双胞胎女儿，当天因其中一个女儿肚子疼，夫妻俩连忙驾车去城区的医院就诊，不料回家途中无故被撞。丈夫和女儿因这起车祸失去了生命，妻子虽保住了性命，但双腿截肢，终身残疾。最后，肇事驾驶人小陈被"以危险方法危害公共安全罪"判处无期徒刑，附带民事赔偿366万元。

酒后驾车是交通安全之大忌。对此，《中华人民共和国道路交通安全法》第九十一条：

"饮酒后驾驶机动车的，处暂扣六个月机动车驾驶证，并处一千元以上二千元以下罚款。因饮酒后驾驶机动车被处罚，再次饮酒后驾驶机动车的，处十日以下拘留，并处一千元以上二千元以下罚款，吊销机动车驾驶证。

醉酒驾驶机动车的，由公安机关交通管理部门约束至酒醒，吊销机动车驾驶证，依法追究刑事责任；五年内不得重新取得机动车驾驶证。

饮酒后驾驶营运机动车的，处十五日拘留，并处五千元罚款，吊销机动车驾驶证，五年内不得重新取得机动车驾驶证。

醉酒驾驶营运机动车的，由公安机关交通管理部门约束至酒醒，吊销机动车驾驶证，依法追究刑事责任；十年内不得重新取得机动车驾驶证，重新取得机动车驾驶证后，不得驾驶营运机动车。

饮酒后或者醉酒驾驶机动车发生重大交通事故，构成犯罪的，依法追究刑事责任，并由公安机关交通管理部门吊销机动车驾驶证，终生不得重新取得机动车驾驶证。"

另外，对于酒后驾车和醉酒后驾车酒精含量的认定标准，公安机关也作了明确的规定，即：每百毫升血液中酒精含量值达到20～80毫克的为酒后驾车，80毫克以上的为醉酒驾车。在日常生活中有许多教训，有的驾驶人中午喝了酒，到晚上开车时酒精含量还超标；还有

11. 酒后开车害人害己

的人由于前一天晚上喝了太多的酒，第二天出车的时候，还处于一种醉醺醺的状态。

总之，作为一名驾驶人应做到开车不饮酒、酒后不开车，这对保障道路交通安全是至关重要的。

酒后开车是大忌，血泪教训要汲取。
非是盛情难推却，害人害己酿悲剧。
敬告天下驾车人，珍爱生命莫大意。

12 亲朋好友聚会，勿劝驾驶人饮酒

"来，干了这一杯，谁不干谁不够朋友！"逢年过节亲朋好友聚会，人们都要喝上几杯。有的场合不来个"一醉方休"，显得还不够意思。酒，在我国文化中成为人们加深感情、相互交流时不可或缺的一部分。

但是，在推杯换盏间，大家应该勿忘交通安全。如果有驾驶人饮酒的话，要设法阻拦，更不能主动劝驾驶人饮酒。在分析众多酒后开车的事故案例中，有一个比较普遍的现象是，有些驾驶人是在亲朋好友劝酒下"抹"不开面子，被迫喝酒的，结果导致惨剧的发生。

"嘀嘀……"在富丽堂皇的酒楼包间里，丁某把手机从裤兜里悄悄掏了出来，藏到餐桌底下默默翻看着："爸爸，听妈妈说，你今天出差回来，还给我买了礼物，我和妈妈都在盼着你早点回来呐！（爱你的妍妍）"看到了这条短信，女儿甜美的声音仿佛回荡在丁某耳边，他的脸颊上洋溢出一丝幸福的微笑。他在众人面前举起自己的手机，说道："哥儿几个，今天我家女儿过生日，我得早点回去。"听了这句话，坐在对面的老四站起身来，举着酒杯对丁某说："老兄，您这话可不对了，侄女今天过生日，是个高兴的日子，咱们应当庆祝一下，我敬你一杯！来，祝小侄女越来越美丽，一天比一天更聪明。""好，就这一杯，一会儿我还得开车呢。"丁某刚喝了下去，"老丁，老四敬您的酒喝了，我也得敬您一杯，您不能有远有近呐！"小王开着玩笑又上来劝酒。经推让几次之后，丁某不得已，又喝下了王某敬的满满一盏白酒。随后，桌上的其他4个人又起身纷纷上来敬酒，这个说：

12. 亲朋好友聚会，勿劝驾驶人饮酒

"激动的心，颤抖的手，老丁不喝我不走！"那个说："感情深一口闷，感情浅舔一舔。"丁某禁不住大家三番五次地劝，到底喝了几杯，连他自己也不记得了。

丁某42岁，25岁就辞掉工作下海经商了。经过10多年的努力，他有了自己的一家公司，专门从事经贸生意，买卖规模越做越大。这次出差去广东参加订货会，一连签下好几份合同。出发前，他向妻子承诺，在孩子过生日的当天一定赶回来，为孩子办生日。不成想，下午四点多一下飞机，就接到生意伙伴的电话，应邀参加了这个饭局。

酒足饭饱之后，对于平日没有什么酒量、轻易不沾酒的丁某来说，头已经是昏昏沉沉的了。他强忍着醉意发动了汽车，想尽快赶回家去。行驶途中，在某路口，遇有前方的一辆大货车在路口等红灯，丁某因酒后反应迟钝，加上车速快，来不及采取任何措施，车一头撞上了大货车的尾部……当救援人员赶到时，丁某已经气息全无。在他的副驾驶座上，有一个沾满血迹的礼品盒。后来经公安交通管理部门对丁某进行血液检测，丁某每百毫升血液中的酒精含量高达124毫克，属于醉酒驾车。就这样，为了面子，为了几杯酒，丁某抛下了妻子、女儿，撒手人寰。

据有关部门调查，在酒后肇事的事故中，有相当比例的驾驶人是因为碍于"面子"饮酒。正是这小小的"面子"，往往能够造成车毁人亡、妻离子散的悲剧。所以，亲朋好友在聚会时，千万勿劝驾驶人饮酒，驾驶人自己也要拒绝饮酒，要深知酒后驾车的危害性，真正让

酒后驾车远离广大驾驶人朋友。

　　再者，大家也要懂得不乘坐饮酒驾驶人驾驶的车辆，一来是不安全，二来一旦出事故，乘车人要负法律责任。《中华人民共和国道路交通安全法》第二十二条规定："任何人不得强迫、指使、纵容驾驶人违反道路交通安全法律、法规和机动车安全驾驶要求驾驶机动车。"《北京市实施〈中华人民共和国道路交通安全法〉办法》第五十七条也有明确规定：乘车人"明知驾驶人无证驾驶、饮酒或者身体疲劳不宜驾驶的，不得乘坐"。以往在这类型的事故当中，那些明知驾驶人酒后驾车的乘车人，在发生有受伤或者死亡的交通事故中，都依法承担了一定的法律责任。

　　所以，在此奉劝大家，亲朋好友聚会时，千万勿劝驾驶人饮酒。大家要深知酒后驾车的危害性，更不要让饮酒的人驾车，让酒后驾车远离大家，让行车安全更有保障。

朋友聚会必有酒，推杯换盏情悠悠。
非是盛情难推却，出了事故不可救！
人生沧桑坎坷路，百般谨慎来呵护。

13 疲劳驾车惹祸端

驾驶人疲劳驾车是一种较为普遍的违法现象,因疲劳驾车而引发的交通事故更是比较常见。从生理学角度讲,驾驶人在行车中由于驾驶作业使生理上、心理上发生某种变化,而在客观上出现驾驶机能低落的现象称为疲劳驾驶。健康人连续开车2小时后,由于连续不断地处理交通信息,大脑供氧减少,中枢神经疲劳、感觉迟钝,注意力变得散漫,不愿再做麻烦的动作,易省略正规的驾驶操作。在这种情况下,观察、判断和操作都易出现差错,从而导致事故的发生,成为悲剧的导火索。

小刘原本是个装卸工,前年夏天和老乡一起来到郊区的一个私营门市部,负责为商场、超市运送面粉。平时老乡负责开车,小刘负责装卸货物,俩人配合得基本还算默契。转眼不到半年,老乡嫌工作太累,索性辞职不干了。恰好小刘在家乡也考取了驾驶证,为了多赚些钱,他就主动找到老板,自己把这两份工作扛了下来,既开车又当装卸工,能挣双份工资。为此,他每天早上4点钟起床,晚上8点钟收车,工作忙忙碌碌,从早到晚非常辛苦。但凭借着一副好身板儿,他硬是坚持着干了下来。转眼三个多月过去了,媳妇来信夸他能干,夸他给家里寄的钱越来越多了。但这其中的辛酸小刘心里最清楚,他无非是为多挣点钱,好赶在春节之前回家,把家里的几间土坯房换成大瓦房。随着门市部业务范围的扩大,小刘的工作量也较以往加重了,他比以前回去得更晚,出车更早。

这天下午,炎炎烈日晒得皮肤火辣辣地疼,小刘开着满载面粉的货车在灼人的柏油路上行驶着。从凌晨3点钟出车直到现在,他已经连续拉了8趟活儿,午饭都是在车上吃的。燥热的空气、混浊的油腻味儿,不住地往他鼻子里窜,弄得他脑子昏昏沉沉的。渐渐的,他的上下眼皮开始不住地打架,就在这短短的几秒钟时间里,小货车失控突然冲向道路左侧,一头撞上了对向正常行驶的一辆摩托车和一辆残疾人专用车,当场就把两辆车的驾驶人撞成了重伤,后来这两名伤者因伤势过重相继死亡,为此,小刘被判刑入狱四年。

同样,不健康的生活习惯,不正常的作息行为,也会导致疲劳驾车现象的出现。

除夕守岁是我国的民俗传统,按照风俗,这天晚上全家人都要聚在一起,热热闹闹地欢度佳节。但小李这个节没在家过。小李今年刚过而立之年,在社会上结交的朋友比较多。这年大年三十中午单位放假后,小李没有直接回家,而是只给父母打了个电话就奔了朋友家。原来,他早在过节的10多天前就和几个要好的朋友约定,趁着过节的时候好好搓搓麻将。因为平常业务忙,很少能放松一下。从下午1点钟开始,几个人就坐在麻将桌上,一边侃着"大山"一边搓着麻将,有说有笑,街面上噼噼啪啪的鞭炮声,对他们丝毫没有一点影响,年三十晚饭都没正经吃。午夜12点了,外面的爆竹声越响越密。"咱们哥儿几个也出去放放炮吧!一年了,'嘣嘣穷'。"牌友张三提议。"放什么炮啊,好不容易凑在一块儿,再说别人放炮咱们听响不是一样吗?"小李极力阻拦着。这一桌麻将玩下来,不知不觉已经到了凌晨5点半,有两个人困得实在扛不住了,才散了伙。小李开车从朋友家出来,往家赶路。朋友家在海淀,自己家住在朝阳区最东边,相隔20多公里。一路上,小李因为犯困,不住地打着哈欠,双眼发涩。当车从京通快速路双桥出口出来后,小李困得有点支持不住了,用手使劲揉揉眼,加速继续往前开,他想早点赶回家。当车子由西向东行至桥下路口中间时,小李突然觉得自己的左侧有车辆开过来,他本能地向右猛打方向,车子一时失去控制,猛然向右翻滚,撞在了道路右侧的电线杆上,小李当场身亡。

因驾驶人忽视疲劳驾车的危害性,导致恶性事故发生的教训,值得每一个人深思。关于禁止疲劳驾车,《中华人民共和国道路交通安全法》第二十二条做出明确规定:"过度疲劳影响安全驾驶的,不得驾驶机动车。"那么,如何防范疲劳驾车呢?应注意以下三个方面:

1. 保持合理的休息和良好的睡眠。

从预防事故的角度讲,驾驶人应当在稍感疲劳时就休息一下,这是非常必要的。足够的睡眠时间是消除驾驶人疲劳、保证行车安全的最好办法。据专家介绍,一般情况下,驾驶人每天睡眠应不少于8小时,开夜班车的驾驶人白天睡眠还要适当增加时间,因为夜间睡眠效果要比白天好。经测定,白天睡眠8小时,其效果仅相当于夜间相同时间的71%。

2. 尽量避免夜间或午间行车。

夜间行车时,一方面因夜间行车条件较差,驾驶人频繁应对各种情况,体力消耗大;另一方面夜间容易瞌睡,会加速驾驶人疲劳,这种瞌睡状态在午夜至凌晨6时较为突出,因而这个时段内事故发生率较高。因此,每天驾车时间应以不超过10小时为好,深夜行车不要连续超过两次,以避免驾驶人在心理和生理机能上受到过大影响。

远离车祸50招 —— 一位老交警的忠告

此外，午饭后驾车也是容易疲劳的时候。由于午饭后人体的血液大量流入消化器官，大脑供血不足，驾驶人会出现疲倦的感觉。如果驾驶室内通风不良、二氧化碳含量高，也更容易使驾驶人疲劳。

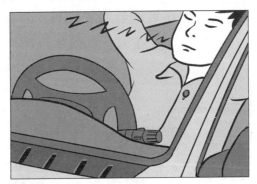

3. 保持良好的体能和精力十分必要。

驾驶人要根据自身年龄、性别的不同，采取不同的措施预防疲劳驾车。年纪大的驾驶人和女性驾驶人，精力恢复比较慢，休息的时间要比年轻小伙子长。年轻人也不可心存侥幸，认为自己身体好又年轻，路程近，多跑几趟没关系。其实人的生理能力

13. 疲劳驾车惹祸端

是有极限的,行车中必须有一个良好的身体状态作保证。当驾车中有疲惫感的时候,应设法将车停在安全地点休息一下,再继续驾车,尤其是在高速公路行车时更要做到这一点,但应在服务区停车休息。

从事驾驶中型以上载客汽车、危险物品运输车辆的驾驶人,更要注意不要疲劳驾车。公安部在2012年颁布的《机动车驾驶证申领和使用规定》(123号令)中对上述驾驶人的疲劳驾车做出了更加严厉的处罚,即"连续驾驶中型以上载客汽车、危险物品运输车辆超过4小时未停车休息或休息时间少于20分钟的"违法行为,一次性扣除12分。

疲劳驾车为哪般,害人害己惹祸端。
心底牢记"三要素",首要便是好睡眠。
避开午夜行车段,体魄健康永平安。

14 身体不适别硬扛

头疼、脑热、身体不适，对于每个人来说，随时都可能遇上，因为人吃五谷杂粮，没有不生病的。但是作为一名汽车驾驶人，应当懂得在这种情况下最好不开车。因为驾驶车辆需要精力高度集中，需要一个好的体魄，如果带病驾车上路，难保不出现交通事故。

这年中秋节，本该是合家团圆的日子，可是在北京京顺路出京方向五元桥发生的一起交通事故，导致了两个家庭的破碎。

34岁的吴某家住北京郊区，小时候他的父亲在盖房子时摔伤，腿落下终身残疾，母亲长年哮喘，二老含辛茹苦终于把吴某拉扯大。都说穷人的孩子早当家，吴某初中毕业后就开始帮家里干农活、外出打工、挣钱养家，最后开上了出租车。通过他的努力，家境也一天天开始好转起来，不仅翻盖了房子，自己也娶上了媳妇，第二年就给二老抱上了大胖孙子。要强的吴某，为了给家里多攒点钱，外出拉活儿从不惜力，有个头疼脑热的时候也不歇车。出事的当天，他早晨一起来就感觉到胸有点闷、心口痛，妻子还嘱咐他："不舒服就别出车了，一会儿上医院检查检查去。"吃过早饭，他开车出门本想去医院检查身体。但没出家门多远，正好遇上有人招手打车，他习惯性地将车停了下来，一问，打车人要去大兴，从顺义到大兴可是个"肥活儿"，他放弃了去医院看病，拉上乘客直奔大兴而去……

这一天，吴某身体虽然不舒服，但"活儿"拉的比较顺利。傍晚时分，他开车家里赶，又拉到了一个去孙河的"顺活儿"。乘客上了车之后，

14. 身体不适别硬扛

吴某开车上了京顺路，一路上，他话语不多。当车行至京顺路某地段时，吴某的头突然一下子歪靠在驾驶座和副驾驶之间的隔板上，车辆突然失控，一头冲向了路边的非机动车道，将一名骑车的妇女连人带车撞倒后，又冲出几十米远被一棵树挡住后才停了下来。吴某趴在方向盘上心脏已经停止了跳动。后经法医鉴定，吴某死亡原因系心脏病突发猝死，被撞的妇女因头部和腰部受重伤，虽经医院抢救保住了性命，但却造成下身瘫痪，失去了生活自理能力，而那位出租车上的客人，在这起事故中伤得也不轻，在医院住了3个多月才康复。

马某是一名公务员，已经过了不惑之年。参加工作20多年来，他始终兢兢业业，对工作认真负责。他有着一个幸福的家庭，孩子上大学，妻子在一家公司任职。这年，单位分配住房，马某分到了一套三居室，彻底解决了家庭的住房困难问题。为了及早入住，拿到房钥匙没几天，马某就四处找施工队装修房子。装修期间，马某一天假也舍不得请，都是利用晚上或周末的休息时间去照料一下。白天工作，晚上又盯着装修，一熬大半宿，一个月下来，马某感觉身体体力不支，总有一种歇不过来的疲劳感。觉也少了，饭量也下来了。在一起工作的同事们也都看到了这一点，纷纷劝马某："不行就歇几天吧，别硬撑着了。"为了不影响工作，马某一直扛着。断断续续3个多月的时间，房子是装修完了，马某的身体却消瘦了许多，添了不少毛病，经常头发晕。一天，马某开车出去为单位办事，走到南二环时，感觉头晕得难受，实在撑不住了,将车缓缓停在了机动车道内,趴在方向盘上昏迷了过去……当时,路过的驾驶人发现二环主路上停着这么一辆车,纷纷打"122"报警。当警察赶到现场时,发现马某已经停止了呼吸。后经法医鉴定,马某死于脑出血。

通过这两起事故可以看出,机动车驾驶人保持健康的体魄和充沛的精力,对于保证道路交通安全是非常重要的。《中华人民共和国道路交通安全法》第二十二条规定:"……患有妨碍安全驾驶机动车的疾病,或者过度疲劳影响安全驾驶的,不得驾驶机动车。"这就要求驾驶人不仅要注意定期体检,而且身体一旦不适要及时去医院诊治,切不可因小失大,做出后悔莫及的事来。

身体不适莫硬扛,因小失大生悲伤。
纵使挣得金山在,身心残缺空茫茫。
驾车若要保安全,体魄精力是保障。

15
超速——交通事故的祸首

据有关部门调查统计，机动车超速行驶已成为众多交通事故的一大诱因。车辆速度越高，发生交通事故的几率越高。俗话说，"十次事故九次快"，讲的就是这个道理。

农历腊月二十七，再有3天就过春节了。王某任职的公司这一年经济效益比较好，为了答谢员工，老板便给员工们发了红包，并提前放了年假，员工们都很高兴。这天晚上，王某和同事一行4人来到了北京工体北路的一家迪厅，几个人又蹦又跳的，一直玩到了凌晨4点多。从迪厅出来后，大家有点饿了，又商量去雍和宫桥北侧的某酒楼吃饭。王某驾车很快从东四十条桥由东向北右转弯上了二环主路。二环路是城区的一条主环路，车流量较大，因超速行驶发生重大交通事故的情况时有发生。为此，公安交通管理部门经过多方调研，特地将二环路全程的车速限定在80公里/小时，其中有的事故多发路段限定为60公里/小时。而王某一上二环主路，不顾限速标志的提示，将车速一下子开到了120公里/小时。当汽车过了东直门桥往北行驶时，因车速过快，加之道路处于弯路区域，车一下子失去控制，发生侧翻。坐在后排座上的两个同事当即被甩出车外，其中王某当场死亡，另3人受重伤。

小黄和小陆都是20出头的小伙子，小黄是北京某大学的在校学生，小陆是北京一家物流公司的员工。他们在网上结识已有四年的时间了，有着一个共同的嗜好——摩托车。为此，两人在周末经常聚在一起，并时不时地一块儿开车出去兜风。两个星期前，小陆刚从天津买回了一辆二手的红色大排量摩托车。他把车运回北京后，找了路边的一个修车铺，简单拾掇了一下。这个星期六，小陆为了在好朋友面前展示一下新买的摩托车，把车擦得锃亮，按照约定来到学校接小黄一起出去玩。一见好哥们儿正在楼下等着自己，小黄高兴得合不拢嘴："车怎么样，我来试试。"小黄说道。"你先别开呢，我先带你兜一圈。"小陆说完跨上摩托车，小黄坐在他的后边，两人开车一起上了路。

伴随着发动机的轰鸣声，摩托车左超右超在车流中快速地行驶着，过往的车辆和行人无不为这两个小伙子的安全担忧。小陆还就是个"人来疯"，别人越关注他，车开得越快，有几次还差点剐到别人，引得路人在后面不住地责骂。当车行至距某路口100多米远的地方时，他向身后的小黄喊了一句："哥们儿，看我给你来个漂亮的'漂移'！"（这是香港电影《头文字D》中的主角在飙车转弯时常说的一句用语）"慢点，这儿危险！"小黄的话音刚落，小陆开着摩托车已经驶到路口处于由东向北转弯的状态，由于速度过快，摩托车失控，一下子冲向了左侧人行道的马路牙子上，他们两人被甩出去数十米远，两个人的头重重地摔在了水泥路面上，两个朝气蓬勃的生命刹那间消失了……

分析超速原因，一方面，除有驾驶人对车辆超速的危害重视程度不够外，另一方面与驾驶人对这方面的知识知之甚少有关。下面，本文在这方面重点作一介绍。

专家研究发现，驾驶人在驾车过程中，从发现情况踩制动踏板到汽车完全停住所需要的距离称为制动距离，其主要由两部分组成。

一是驾驶人的反应距离。一般情况下，人的大脑反应时间通常在0.75~1秒，车速越快，车辆在反应时间内向前行驶的距离越长。

二是实际制动距离。不同的速度、不同的路面、不同的车辆载质量，将会产生不同的实际制动距离。

制动距离为反应距离和实际制动距离之和。车速越快，制动距离越长。例如：在干柏油路面上，当机动车以60公里/小时的车速行驶时，驾驶人从发现情况到制动停车，制动距离为29.7米；当以90公里/小时的车速行驶时，这个距离将延长到58.6米。再如，在冰雪路面上，当机动车以60公里/小时的车速行驶时，驾驶人从发现情况到制动停车，实际距离为82.9米；当以90公里/小时的车速行驶时，这个距离将延长到178米。不同路面，不同车速下的制动距离详见下表。需说明的是表中数据仅作参考，且带制动防抱死系统（ABS）的车辆的制动距离不在这一范围内。

路面	附着系数	汽车不同行驶速度（公里/小时）下的制动距离（米）								
		10	20	30	40	50	60	70	80	90
干沥青和混凝土	0.7~0.8	2.7	6.5	10.4	16.1	22.8	29.7	36.9	48.0	58.6
干碎石路	0.6~0.7	2.8	6.7	11.1	17.2	24.6	32.2	40.3	52.5	64.3
湿沥青和混凝土	0.3~0.4	3.2	8.4	14.9	24.0	35.1	47.4	61.0	79.5	98.5
冰雪路面	0.2~0.3	4.2	13.4	23.7	39.7	59.7	82.9	109	142	178

为了预防交通事故，防止机动车超速行驶，国家道路交通安全法律法规作出了明确的规定。

《中华人民共和国道路交通安全法》第四十二条规定："机动车上道路行驶，不得超过限速标志标明的最高时速。在没有限速标志的路段，应当保持安全车速。"

《中华人民共和国道路交通安全法实施条例》第四十五条规定："机动车在道路上行驶不得超过限速标志、标线标明的速度。在没有限速标志、标线的道路上，机动车不得超过下列最高行驶速度：（一）没有道路中心线的道路，城市道路为每小时30公里，公路为每小时40公里；（二）同方向只有1条机动车道的道路，城市道路为每小时50公里，公路为每小时70公里。"

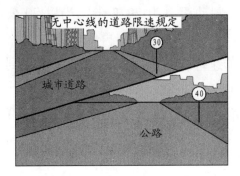
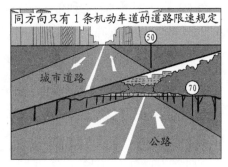

《中华人民共和国道路交通安全法实施条例》第七十八条规定："高速公路应当标明车道的行驶速度，最高车速不得超过每小时120公里，最低车速不得低于每小时60公里。在高速公路上行驶的小型载客汽车最高车速不得超过每小时120公里，其他机动车不得超过每小时100公里，摩托车不得超过每小时80公里。同方向有2条车道的，左侧车道的最低车速为每小时100公里；同方向有3条以上车道的，最左侧车道的最低车速为每小时110公里，中间车道的最低车速为每小时90公里。道路限速标志标明的车速与上述车道行驶车速的规定不一致的，按照道路限速标志标明的车速行驶。"

《北京市实施〈中华人民共和国道路交通安全法〉办法》第三十九条规定："机动车上道路行驶不得超过限速标志、标线标明的速度；同方向划有二条以上机动车道的道路，没有限速标志、标线的，城市道路最高时速为70公里，封闭的机动车专用道路和公路最高时速为80公里。"

《中华人民共和国道路交通安全法实施条例》第四十六条规定："机动车行驶中遇有下列情形之一的，最高行驶速度不得超过每小时30公

15. 超速——交通事故的祸首

里，其中拖拉机、电瓶车、轮式专用机械车不得超过每小时 15 公里：

（一）进出非机动车道，通过铁路道口、急弯路、窄路、窄桥时；

（二）掉头、转弯、下陡坡时；

（三）遇雾、雨、雪、沙尘、冰雹，能见度在 50 米以内时；

（四）在冰雪、泥泞的道路上行驶时；

（五）牵引发生故障的机动车时。"

国家相关法律法规中对超速行为的处罚是比较严厉的。《中华人民共和国道路交通安全法》第九十九条规定："机动车行驶超过规定时速百分之五十的"，将受到 200 元以上 2000 元以下罚款，"可以并处吊销机动车驾驶证"。

公安部 2012 年颁布的第 123 号令中明确规定了不同车型不同程度超速时的扣分标准，详见下表。

扣分	车　型	超速行为
12分	中型以上载客载货汽车、校车、危险物品运输车辆	（1）在高速公路、城市快速路上行驶超过规定时速 20% 以上的； （2）在高速公路、城市快速路以外的道路上行驶超过规定时速 50% 以上的
	上述车型以外的其他车型	行驶超过规定时速 50% 以上的
6分	中型以上载客载货汽车、校车、危险物品运输车辆	（1）在高速公路、城市快速路上行驶超过规定时速未达 20% 的； （2）在高速公路、城市快速路以外的道路上行驶超过规定时速 20% 以上未达到 50% 的
	上述车型以外的其他车型	行驶超过规定时速 20% 以上未达到 50% 的

续上表

扣分	车 型	超速行为
3分	中型以上载客载货汽车、校车、危险物品运输车辆	驾驶车辆在高速公路、城市快速路以外的道路上行驶超过规定时速未达到20%的
	上述车型以外的其他机动车	行驶超过规定时速未达到20%的

同时，123号令还明确规定持有大型客车（A1）、牵引车（A2）、城市公交车（A3）、中型客车（B1）、大型货车（B2）驾驶证的驾驶人，如果在一个记分周期内有记满12分记录的，将被车辆管理所注销其最高准驾车型驾驶资格。也就是说，如果是以驾驶上述车型为职业的驾驶人，在一个记分周期内被扣光12分的话，将意味着因不能再驾驶所准驾的车型而丢掉职业。

十次事故九次快，超速行驶祸端来。
图得飞车一时乐，事故生处全家哀。
限速标志严遵守，人人执行保安泰。

16 新手上路"一不要"、"五不跟"

作为一名新驾驶人,开车都有一个从生疏到熟练的过程,这个过程是循序渐进的过程。新驾驶人不能凭"摸车心切"的一时冲动,而忽略安全驾驶。为此,在驾车中要谨慎小心,逐渐增长驾驶技巧。应当了解,驾驶车辆就如驾驭一只大老虎,它不但能伤害别人,还能伤害自己。驾车中要做到"一不要"、"五不跟"。

小刘和小崔都来自河南农村,两人在北京的一所大学校园里相识、相恋。大学毕业后,他们依靠自己的勤劳和智慧,分别在北京城区谋得了一份收入可观的工作,并逐渐拥有了一些积蓄。之后,他们在北京郊区建立起自己的新家。由于每天上班都有30多公里的路程,小两口就自己贷款买了一辆爱丽舍小汽车,当时小刘考取驾驶证还不到半年时间。某个星期天,天气很好。一大早,小刘和爱人便约上自己的大学同学小姜夫妻俩,四个人一起开着这辆崭新的小汽车上路练车去了。

当小刘开车行驶了一段时间后,车上的小姜也因刚考取驾驶证不到两个月时间,没摸过车手痒痒,提出想要练练手。一开始,他们只是在立水桥地区的一些小马路上练练,大家觉得速度慢、不过瘾。在大家提议下,小姜把车开上了五环主路。为避开众多的大货车,他选择了最内侧的车道行驶。由于是新手技术不熟练,车速始终保持在50公里/小时以下(而五环路内侧车道行驶速度规定为70~90公里/小时)。行驶中,由于受他们这辆车的影响,后面驶来的车辆,有的急刹车,有的急转向躲避,其他驾驶人纷纷按着喇叭表示不满,甚至有几辆车摇下车窗指责,但他们仍旧在内侧车道里不紧不慢地开着。13时55分,事故发生了。这时,他们的车正由北向南行驶在东五环路上,一辆高速行驶满载煤炭的河北大货车,追撞在了爱丽舍轿车的后部,爱丽舍车受到撞击后又追撞上了前面一辆小汽车后才停了下来,车内乘坐的小刘夫妻二人和小姜的妻子当场惨死车中,驾车的小姜虽然侥幸保住了性命,但却落下了重度残疾。两个甜蜜的幸福家庭,被这场突如其来的事故彻底摧毁了。

上面这起事故,讲的是"一不要",即不要在快速车道低速练车,否则后患无穷。这一点,在《中华人民共和国道路交通安全法实施条例》第四十四条中有明确规定:"……在快速车道行驶的机动车应当按照快速车道规定的速度行驶,未达到快速车道规定的行驶速度的,应当在慢速车道行驶……。"在此更应提示的是,新驾驶人在领取驾照一年的实习期内,切不要上高速公路练车,如有需要上高速公路行驶时,应由持相应或更高准驾车型驾驶证三年以上的驾驶人陪同,不能单独驾车。《机动车驾驶证申领使用规定》(公安部令2012年第123号)对此作出了明确要求。123号令对新驾驶人在实习期内的管理也更加严格。严格规定持有大型客车(A1)、牵引车(A2)、城市公交车(A3)、中型客车(B1)、大型货车(B2)驾驶证的新驾驶人在一年实习期内记6分以上但未达到12分的,实习期延长一年;在延长的实习期内再次记6分以上但未达到12分的,注销其实习的准驾车型驾驶资格。另外,还规定在实习期内有记满12分记录的,注销其实习的准驾车型的驾驶资格。作为新驾驶人,应牢牢记住这一规定。下面再向大家介绍一下"五不跟"的常识,这对新驾驶人提高防范事故能力会有所帮助。

1. 不跟空驶的出租车。

空驶的出租车要在路上"找活儿",一旦发现路边有人打车,驾驶人经常会根据第一反应急踩刹车,有时甚至连转向灯都不打就靠边停车。

16. 新手上路"一不要"、"五不跟"

2. 不跟大型货车和大型公共电汽车。

大型车又高又宽，易遮挡后车行车视线，经常会有大货车闯红灯过路口，而后车因大车遮挡看不见红灯而跟着通过路口，极易导致事故的发生。

3. 不跟外地车。

外地驾驶人一般对所经城市道路不熟，经常会因问路而随时停车，有时甚至是急刹车停车问路，跟在后面很危险。

4. 不跟低档车和低排量车。

如果您驾驶的是一辆车况不错且档次较高的车，最好不要跟在低档车或低排量汽车的后面，因为这类车的速度往往较慢，一旦前车急刹车，缺乏经验的驾驶人难以控制速度，发生追尾的可能性就很大。

5. 不跟车队。

如果在快车道上行驶，尽量避开车队。因为快车道上行车速度往

61

往较快，一旦前面的车紧急刹车，很容易出现连环追尾，四五辆车相撞的事件并不少见，特别是中间的车辆受到前后夹击受伤会最重，后果不堪设想。

新手上路要注意，安全二字牢牢记。
保持车距最重要，主路练车不可取。
发生车祸后悔晚，害了别人害自己。

17 开车不能"只看地不看天"

在一般情况下，驾驶人在驾车行驶中往往只注意路面情况，而容易忽视桥梁的高度，因为这种情况导致人员伤亡的交通事故时有发生。在这里，我们把它形容为只看"地"、不看"天"。

一个星期天的中午，某乡镇企业的驾驶人金某，带着自己家人和姐夫一家人热热闹闹地聚在一起，在距家六公里远的一个小饭馆里为他5岁的小外甥过生日。两家人其乐融融，享受着家庭至亲的温馨和快乐。

去的时候，大家分乘两辆车，金某开着小货车拉着媳妇、女儿。聚会结束时，由于姐夫要去办事儿，开车先走了，于是金某就捎带上姐姐和小外甥一起回家。因人多，驾驶室内坐不下，姐妹俩推让起来："姐姐你坐车里吧，你穿得单薄。""不，还是你带着两个孩子去坐吧。"经过一番推让之后，姐姐上了车，站立在小货车后的车厢内。此时的金某，也忘了自己作为驾驶人应尽的责任，没有嘱咐姐姐不要在后车厢内站立。上路之后，他边开车边和驾驶室内的媳妇聊天，而在后车厢里的姐姐耐不住风吹，背转过身站着。

金某开车在路上快速行驶着，离家越来越近了。途经某村的村头有一根限高杆。近几年，有许多外地大货车都从这儿走，把路都轧翻了，还有几次险些撞了人。为了不让外地大货车进村，两年前，村里人在村的东西两头安装了限高杆，限高杆的高度只能允许小型车通过。金某已有十几年的驾龄，每次从此经过时，他基本上都不用怎么减速，权当练习一回"钻杆"。可这次他忘记了车上还站着他的姐姐呢。他速度没减,"嗖"的一下就从限高杆下驶了过去,只听"嘭"的一声,限高杆一下撞在了他姐姐的后脑上。金某听到响声,感觉出事了,马上停车,发现姐姐已摔倒在车厢内。他哭喊着:"姐姐!姐姐!"但他姐姐已人事不省,仅剩微弱的呼吸。他连忙开车拉着姐姐往医院赶,因伤势过重,姐姐最终还是死在了去往医院的途中。

北京的四元桥桥下道路通行条件有限,辅路的设计限高通行标准为3米,为此,在距桥梁不远处设置了提示标志,并在涵洞前加装了限高杆,以起到警示的作用。

一天深夜,闫某和赵某轮流开着一辆大型厢式货车由河北省向北京运水产。因为初次来北京,路不熟,一时找不到送货的地方。从深夜12点多钟开始,他们就开着车一直在四环路附近转悠,直到凌晨2点多钟,还没有进入市区。这可把两个人急坏了,想问路,夜深人静,快速路上又去哪儿找人?绕来绕去,货车顺着四环辅路,不知不觉地开往了四元桥方向。由于两个人在昏黑的路上没有注意到路口处设立的限高标志,只听从车顶上传来"铛"的一声,随即,一条黄黑色相间的防撞杆从车顶上方砸了下来,正好砸在了途经此处的一个骑车人身上,骑车人当场死亡。

在事故的后期处理中,以上两起事故的肇事驾驶人都受到了严肃处理,金某被判处有期徒刑一年,缓刑一年;大货车驾驶人被判处有期徒刑两年。

"不困在预慎,见祸在未形"。通过上述两起事故得到的启示是,驾驶人在驾车时遇有桥梁、涵洞时,要有限高预见,注意限高标识,一定要注意观察情况,确认安全后方可通行。通俗地讲,既要看"地"又要看"天"。

首先,大型货车在运输货物时切不可超高超限,同时,货车车厢内严禁搭乘人员。对此,《中华人民共和国道路交通安全法实施条

17. 开车不能"只看地不看天"

例》第五十四条明确规定"机动车载物……装载长度、宽度不得超出车厢";《中华人民共和国道路交通安全法》第五十条明确规定:"禁止货运机动车载客。货运机动车需要附载作业人员的,应当设置保护作业人员的安全措施。"

其次,时刻注意观察桥梁、涵洞的限高标志,衡量自车高度是否符合通行要求。《中华人民共和国道路交通安全法》第三十八条规定:

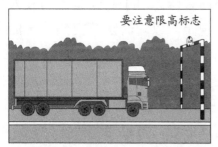

"车辆行人应当按照交通信号通行。"这里所说的交通信号,不仅仅限于交通信号灯,还包括道路的限高、禁令等交通标志,要时刻注意车辆是否符合通行要求,以防止发生剐撞桥梁的交通事故。

最后,在乡村道路上行车时切不可疏忽大意,有的乡村为防止大货车穿行扰民,在村子入口处常设置限高杆,为此,驾驶人应高度警觉,防止事故发生。

驾驶途中莫大意,车辆高度要牢记。
桥梁涵洞限高杆,你不注意谁注意?
上有老来下有小,出了事故不得了。

18 安全视距不容忽视

这里所说的"安全视距",指的是驾驶人在行车中从发现路面异常情况到采取措施避险所需的视线范围。它包括两个方面:一是道路前方的纵向视距;二是道路两侧的横向视距。对于有经验的驾驶人来说,在行车中会时刻保持一定的安全视距,以随时防范突然情况的发生。但也有不少驾驶人,特别是刚刚学会开车的新驾驶人,对此知之甚少。根据大多数驾驶人的经验:在开车过程中,一般车速下应保持50米的安全视距;高速行驶时特别是在高速公路上行驶,应保持150米至200米的安全视距。如果能做到这一点,可以避免许多险情,减少许多交通事故。否则,险情则随时都有可能发生。

一天清晨,小李6岁的儿子突然发高烧,正巧这天孩子的妈妈不在家。这可把年轻的父亲给急坏了。因为平时没有带过孩子,小李分不清该给孩子吃什么药,也不知该如何照顾他,急得像热锅上的蚂蚁。他简单地给孩子披上一条毛毯后,就开着桑塔纳小汽车准备带孩子到市区的医院去看病。这时正值上班高峰期,路上车流量很大,各式各样的大车、小车全都深陷在长长的"车龙"里动弹不得。小李心急如焚,为了再快点,他依靠娴熟的驾驶技术和对路况的熟悉,想尽办法左冲右突,一会儿在这儿加个塞儿,一会儿又从那边的自行车道"嗖"地一下超了过去,像"盘八字"一样在车队中飞速穿行。车子很快开到了市区某环路的跨线桥下。"唉,真背,又变红灯了!"望着桥下路口的信号灯,小李拍打着方向盘自言自语地抱怨道。在他迟疑的瞬间,

18. 安全视距不容忽视

后方大股车流迅速涌向路口，排成密集而有序的队形。小李左右张望了一下，发现周围没警察，就把注意力集中在了那条空着的右转弯专用车道上。他轻踩油门，双眼紧盯着信号灯，沿着车道往前缓慢蹭着，丝毫不去理会后面右转车辆喇叭的催促声。红灯刚一变绿，他立刻猛踩加速踏板不顾一切向前冲，当车子刚越过停止线的一刹那，小李左边的一辆公交车突然紧急刹车，紧接着，一个奔跑的小男孩赫然出现在了他的眼前。"啊，完了！"伴随着急促的刹车声，桑塔纳车将这个男孩结结实实地撞了出去，男孩当场倒地不省人事。周围的群众立刻向小李围了过来，有的招呼着抢救伤者，有的帮忙打电话报警，一位老大妈则气哼哼地冲着小李嚷道："这儿有这么多人过马路，你就不知道慢点开，着什么急啊！"望着车里车外两个年龄相仿的孩子，小李惭愧地无地自容。所幸，被撞的男孩经过医院抢救后很快脱离了危险；小李的孩子后来也在警察的帮助下很快送达了医院。但这起事故却给小李的内心造成了巨大的震动，因为自己一个小小的疏忽，差点亲手毁掉了一条小生命。他此后逢人便说："过路口时可要小心再小心，要不然出了事就太可怕了。"

赵强是南方某名牌大学的学生，毕业后，为了实现自己的梦想，他只身来到北京工作，成了名符其实的"北漂一族"。因为在工作中勤奋努力，业绩突出，他很快被破格提拔为公司的部门经理，收入也较以往提高了一个档次。利用业余时间，他考取了驾驶证，并贷款买了一辆马自达小汽车，每天都开着自己的爱车上下班。一个早晨，闹铃声把赵强从睡梦中惊醒。"坏了，闹铃上错了半个小时！"他赶忙从床上蹿了下来，顾不上洗漱，三步并作两步，下楼开起车直向公司飞奔而去。在路上，一分一秒的耽搁都让赵强很担心，担心因为这一次偶然的迟到，会造成不良影响。转眼间，车子驶入了一条单幅路，这是交通事故频发的地段之一，也是赵强每天进城上班的唯一路线。只要过了这儿，路就顺畅了。为了再快点，他不住地按喇叭催促前面的车，但再怎么着急，效果都不明显。当车行驶到某车站时，恰逢一辆公交车进站，一看这情况，赵强没有多想，就向左转向行驶到了公交车左侧，并加速超车。但就在车即将超越公交车的一瞬间，忽然，一名背着书包的女中学生从他右侧的公交车前向马路对面跑过去。"咚"——几乎来不及采取任何措施，赵强的车当场就把这个小女孩撞出了10多米，女孩口吐鲜血，当场死亡。在场目睹这一悲剧的人都惊出了一身冷汗，手握方向盘的赵强更是吓得面无血色，瘫坐在驾驶室内……

事后，赵强被公安交管部门判定负事故的主要责任，他不仅向死者家属支付了巨额赔款，被吊销了驾驶证，而且还被法院判处有期徒刑一年。

以上事故都有一个共同点，即驾驶人都忽视了在行车中保持安全视距的重要性。在城市道路中，交通情况随时都处于变化之中，特别是交叉路口、公交车站、胡同里巷等车多人多的地点，交通情况十分复杂，各种交通流易形成冲突点和交织点。因此，保持必要的安全视距，对于安全行车至关重要，应当做到"五注意"。

一是注意跟车距离不要过近。《中华人民共和国道路交通安全法》

18. 安全视距不容忽视

第四十三条规定："同车道行驶的机动车，后车应当与前车保持足以采取紧急制动措施的安全距离。"在行驶中，不能紧随前车尾部行驶，要尽量看到前方两个车尾远的距离，防止形成视线盲区。一般情况下，当你前方

车辆采取措施后，再反应到你的大脑需要 0.75 秒的时间，那么这段时间里以 30 公里／小时的车速计算，车辆会向前冲出去 6.3 米；而以 50 公里／小时的车速计算，就会向前冲出 10.4 米。这仅仅是反应距离，还有实际制动距离，所以，应与前车保持足够的安全距离。在高速公路上行驶时，可利用车距确认标志来调整与前车的距离。

二是交叉路口等灯起步时，若左右两侧车辆挡住了视线，不要抢行起步。尤其是行驶到有四五条车道的路口，当你的车处在中间位置时更要注意。应想到，"灯已变，为什么其他车不急于起步，是不是还有行人、自行车在前面横穿呢？"如果不加防备，后果很难预测。

三是在胡同口、绿篱口等视线盲区地带，应注意掌握好车速，控制行车距离。在驾车经过胡同、里巷等窄路时，要保持低速行驶，随时注意防备前方和侧方的支路、岔口中可能突然出现的车辆和行人。《中华人民共和国道路交通安全法实施条例》第六十七条规定："在单位院内、居民居住区内，机动车应当低速行驶，避让行人；有限速标志的，按照限速

标志行驶。"

四是遇公交车进出站时，极易出现盲区，为此，要随时注意，防止有行人为赶路而从公交车前面横穿。

五是行车中注意观察骑自行车人的动向。由于有的骑车人缺少安全意识，骑行中突然转向的现象比较普遍，这些现象经常让驾驶人措手不及。所以，驾驶人在驾车行经人群稠密的路段时，一定要谨慎慢行，时刻关注骑车人的动向，提防因自行车突然转向而导致交通事故。

敬告驾驶人

路口起步不争雄，要与邻车并肩行。
视线盲区不能忘，胡同车站谨慎行。
安全视距作保障，万里行车永安宁。

19 靠边停车"两必防"

在日常行车中，驾驶人在靠边停车时因措施不当引发的交通事故时有发生。有的将行人、骑车人挤倒摔伤，有的用车门将自行车或摩托车碰倒在车道内，导致骑车人或摩托车驾驶人被其他车辆碾轧身亡，因此，靠边停车一定要注意安全。

几年前，在北京曾发生过一起十分惨烈的交通事故。一位年仅28岁的军人，在骑自行车时，因受一辆出租车车门的剐碰，被一辆疾驰而过的大货车碾轧当场死亡。

这位军人姓刘，是一个从大山里走出来的孩子，从16岁入伍服役到后来转为志愿兵，成为维修技师，在部队某机场一干就是12年。小刘靠着自己的努力钻研、勤奋好学，成为场站里数一数二的业务尖子。由于表现突出，技术过硬，部队破格把他由志愿兵提升为中尉参谋，出事当天他刚刚接到任命。对于他的提升，战友们纷纷前来表示祝贺，在大家的提议下，当天中午他简单地准备了一些酒菜，与七八位战友共庆这喜讯的到来。没成想，饭吃到一半的时候，啤酒喝没了。为了不扫大家的兴，小刘说："你们等着，前边不远就有小卖部，我买酒去。"说话间，小刘骑着自行车快速地出了部队大院。

当小刘骑车由东向西快到小卖部的时候，发现前方的马路边上停着一辆白色的出租车，小刘下意识地向左一拐，准备从出租车的左侧骑过去。这时，出租车的左前门突然被驾驶人从内侧推开，小刘的自行车受车门剐碰失控后，一下子连人带车摔倒在马路中间。此时，正遇有一辆大货车从后方疾速驶来,因距离近、情况突然,驾驶人来不及采取任何措施,大货车瞬间从小刘身上轧了过去……

部队领导和战友们得知小刘出车祸的消息后,无不为他感到惋惜。在料理小刘的后事时,部队将小刘的亲戚20余人从山西老家专程接到北京,随行亲属中有小刘已84岁高龄的爷爷,部队领导怕老人经受不住打击,没有将小刘出车祸的实情告诉他。老人到北京后,对部队领导还很得意地一再夸他的孙子:"我们家这小子最争气,他在家排行老五,有四个姐姐,一个妹妹,家里三代单传,这孩子最要强,懂事孝顺,从小就想着要当兵,这次还让全家人都到北京来逛逛,真是有出息!"听了老人的话,在场的人们无不感到心酸,眼里含满了泪花,有的人控制不住,偷偷转过身,擦去泪水。老人哪里知道,他的乖孙子此时此刻已经永远地离开了人间。

上面讲述的是驾驶人开启车门,将骑车人碰倒,导致骑车人被大货车辗轧而死的典型案例。下面再向大家介绍一起驾驶人因靠边停车不当而引发的事故。

公司职员小周很早就拿到驾驶证了,但很多年以来一直都没有圆上"驾车梦"。她最近新买了一辆崭新的飞度牌汽车,鲜艳的"中国红"色彩配以车辆靓丽的外观,给主人增光不少。小周对这辆车爱不释手,一有空就换上漂亮的衣服,开着自己的爱车和朋友们一起出去玩。一个星期天,小周做完健身后,开车准备回家。在路过一家肯德基店时,她突然想到要买点快餐带回家吃,省得再做饭了。一想到这儿,她没顾及向后看,就下意识地向右转向。就在车辆向右靠边的一瞬间,一个骑两轮摩托车送快餐的小伙子突然出现在她车的右后侧,因为小周转向太急,摩托车驾驶人来不及反应,车辆前侧一下就和小周的车的右侧剐上了,小伙子当即摔倒在地。小周赶忙下车查看,小伙子伤得倒不是太重,可她自己心爱的飞度车,右侧车门被剐得面目全非,小周十分心疼。在这起事故中,驾驶人小周由于靠边停车时不注意观察

19. 靠边停车"两必防"

后边情况，不但要自己负责修车，还要担负起伤者的治疗费用，真可谓得不偿失。

大量事实告诉人们，在复杂的道路交通环境里，交通状况始终处于变化之中。因此，为防范惨剧的发生，驾驶人在靠边停车过程中应做到"两必防"。

第一，必须防备在减速靠边停车时将自行车、行人挤倒。针对这种情况，《中华人民共和国道路交通安全法》第五十六条作了明确的规定，即机动车"在道路上临时停车的，不得妨碍其他车辆和行人通行。"

不得妨碍非机动车通行

第二，驾驶人或乘车人不能不加观察就猛然开启车门，要防止将车后行进中的自行车或摩托车剐倒。这种情况一旦发生，后果将是十分危险的。自行车、摩托车行进速度相对较快，受车门突然开启的剐碰，最容易失去控制摔倒在机动车道内，被其他行驶的机动车所碾轧。《中华人民共和国道路交通安全法实施条例》第六十三条对开启车门的行为也作出明确的规定："……车辆停稳前不得开车门和上下人员，开关车门不得妨碍其他车辆和行人通行。"在此，提醒广大驾驶人，停车开门时，不仅自己要注意观察两侧是否有异常情况，同时有责任提醒乘客，在确认后方没有异常的情况下再打开车门，这样方可确保安全。否则，一旦发生交通事故是要负全部责任的。如前边讲到的第一起案例，出租车驾驶人事后被判定负事故的全部责任，他不仅支付了巨额赔款，被吊销驾驶证，还被判处两年有期徒刑。

开启车门前要注意观察

靠边停车勿着急，出了事故害自己。
先防贴边挤碰人，后防车门当凶器。
交通安全牢牢记，烦恼事情不找你。

20 通过铁路道口，一慢二看三通过

近年来，国家对铁路的改造、建设工作进行了巨大投入，城市里许多铁路、公路相交的铁路道口已经被立交桥所代替。但是，在农村地区，老式的铁路道口依然比较常见，有的地方有人看守，有的地方却无人看守。为此当驾驶车辆行经到这些道口时，一定要高度警惕，切不可贸然抢行，否则，灾难可能随时都会降临。

一天下午，在一处无人看守的铁路道口，发生了一起小汽车抢行与火车相撞的重大交通事故。发生事故的道口是一个常年无人看守的铁路道口，没有岗亭和防护杆，只有一个警示牌。当一列货运列车由南向北高速向铁路道口驶来时，适有一辆赛欧小汽车由西向东，试图抢在火车前横穿道口。但就在这一瞬间，火车拦腰撞上了小汽车，将其一下撞飞了50多米远，随后汽车侧翻在了铁路路基边的沟中。赛欧小汽车扭曲成饼状，女驾驶人被死死卡在驾驶室里，男乘客被困在后排，两个人都横躺在座位上，满身血迹。由于汽车的金属外壳紧紧包裹在两人身上，消防员虽然使用扩张器把车外壳撑开一道缝，但仍无法将人从车上拽出。最后，救援人员使用液压剪将整个车外壳剪碎，才将车内的两个人救出来，但经现场120急救医生检查，两人均已死亡。

谈起此类交通事故，可能每位读者都能说出一两个案例，因为在现实生活中，这样的事故比较多见。不仅在我国，在国外也有这样的事故消息不断见于报端。

应该提到的是，目前，随着我国经济的发展，列车的时速已经进行过多次调整。在许多主干线上，动车或高铁列车的最高时速达到了250公里甚至更高，这标志着我国铁路正式进入了"高速时代"。因此，机动车驾驶人在通过铁路道口时要牢固树立安全意识，严格遵守相关法律法规。

按照《中华人民共和国道路交通安全法》第四十六条规定："机动车通过铁路道口时，应当按照交通信号或者管理人员的指挥通行；没有交通信号或者管理人员的，应当减速或者停车，在确认安全后通过。"第六十五条规定："行人通过铁路道口时，应当按照交通信号或者管理人员的指挥通行；没有交通信号和管理人员的，应当在确认无火车驶临后，迅速通过。"因此，车辆和行人在通过铁路道口时

千万不要大意，不要与火车抢行，要谨慎做到"一慢二看三通过"。"一慢"，即降低车速，不能高速通过；"二看"，即注意观察铁路两侧是否有火车临近；"三通过"，即待仔细观察确认安全后再通过铁路道口。否则，一旦出事，吃亏的准是自己。

火车呜呜似穿梭，铁路道口险情多。
汽车行至要注意，一慢二看三通过。
盲目通行是隐患，酿成悲剧了不得。

21 跟随车辆"八不宜"

跟车很有学问,在前面我们曾讲述过新手上路"五不跟"的常识,其实即便是一名有多年驾龄的老驾驶人,也应该多掌握一些这方面的常识,这可以有效提高行车的安全系数。

下面重点介绍一下跟车"八不宜"的常识。

1. 重型车跟空载车不宜太近。

空载车自身较轻,行驶惯性小,制动效果好。若重型车跟得太近,如果前面空载车采取紧急制动,后车极易发生追尾事故。

2. 重型车跟轻型车不宜太近。

轻型车自重轻,加速快,制动性能比重型车好,重型车跟轻型车太近,也容易发生事故。

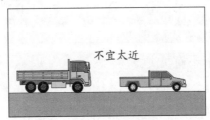

3. 越野车跟小汽车不宜太近。

小汽车车身离地面间隙小，行车中稳定性、制动性能比越野车好，如果跟车太近易发生险情。

4. 面包车跟小汽不宜太近。

小汽车提速快、车况好、制动性好、安全系数高，如果面包车跟小汽车太近，易发生意外，造成人车两损伤。

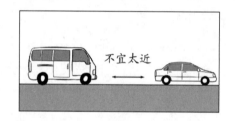

5. 旧车跟新车不宜太近。

新车各种性能均优于旧车，特别是制动性能，如果跟车距离过近，旧车制动性能相对较差，制动距离长，极易发生追尾事故。

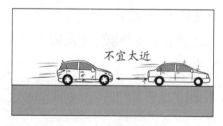

6. 摩托车跟汽车不宜太近。

摩托车两轮行驶，车体较轻，稳定性极差，紧急制动时易跑偏，特别容易发生严重事故，因此不宜跟汽车太近。

21. 跟随车辆"八不宜"

7. 汽车跟拖拉机不宜太近。

拖拉机由于自身为农用机车，技术性能、车况等方面较差，这就决定了汽车若跟它太近，易出意外。

8. 小型车跟大型车不宜太近。

小型车若跟大车太近，致使逆向行驶的车辆在与大型车会车时很难发现小型车的存在，极易发生撞车事故。如果小型车突然超越前面大型车时，也极易与对面行驶来的车辆发生事故。

跟车行驶"八不宜"，条条句句要牢记。
行驶速度掌控好，车距过近为大忌。
为防追尾出事故，安全驾驶不麻痹。

22 变更车道"四要素"

车辆变更车道是我们日常行车中最常见的驾驶行为之一。应当讲，变更车道有很严格的要求，如果操作不当，很容易发生车毁人亡的悲剧。

王某生意做得不错，家庭条件比较优越，还有一个贤惠的妻子和一个乖巧的女儿。他家住在京顺路旁的一个高档别墅区里，每天都开着自己心爱的沃尔沃牌小汽车往返于上下班途中。王某很喜欢打高尔夫球，工作不忙时，他都要约上几个朋友，带着家人到郊区的高尔夫球场上去潇洒地挥上几杆，享受片刻间难得的惬意。为此，他不仅在球场的贵宾招待室内存放了一整套球具，还专门聘请了一位私人教练，只要王某一到场，这位教练就会立即放下手中的一切工作，全程陪同，指导王某夫妇打球。一天，王某又像往常一样带着家人来到球场打球。这一天，他心情不错，手也顺，一连打出了不少好球，一家人玩得很开心。打完球后刚一上车，王某发现油箱里的油不多了，就问随行的朋友附近哪儿有加油站。朋友说："正好，我车上的油也不多了，咱们一块儿走吧，我知道哪儿有加油站，我带路。"说完这话，两辆车一前一后疾驶而去。

两辆车前后高速行驶在城市快速路上。一路上，王某与朋友的车在最左侧车道内行驶着，转眼间，就要行驶到了加油站路口。当王某的朋友驾车在距加油站100多米远的地方，从左侧车道开始向右侧变更车道时，王某此时却正和妻子兴高采烈地聊着天，分散了注意力，

22. 变更车道"四要素"

突然看到前方朋友的车向右变更车道后,他急转方向盘,也跟着转了过去。就在此时,王某车的右侧车道上正高速行驶着一辆重型水泥搅拌车(俗称大罐车),由于两辆车的距离近、速度高,王某的沃尔沃车的右后角与大罐车的左前部瞬间发生了刮碰。这突如其来的变故,把大罐车驾驶人吓蒙了,他下意识地急忙向右转向躲闪,但大罐车由于速度快,加之转向过急,一下子失去了重心,向右侧翻了过去。而此刻,在右侧应急车道内,正巧有一辆外地旅行车驾驶人停车问路,翻倒的大罐车将在路边问路的三名乘车人结结实实地砸压在了车底下,瞬间,三条生命被活生生地夺去了。事后,沃尔沃和大罐车驾驶人都受到了法律的严厉制裁,分别被判刑入狱。

真是"祸自微处生"!说起这三名受害者,都是20岁出头的女孩子,实在令人惋惜。她们都是刚刚走出校门的高中毕业生,从没出过家门,这是她们第一次从江苏来北京,本打算通过老乡介绍,到一家工厂打工,谁想到却发生了这样的悲剧。

因为一个错误的变更车道动作,导致了惨痛事故的发生,教训相当深刻。关于机动车如何变更车道,《北京市实施〈中华人民共和国道路交通安全法〉办法》第三十五条做出了明确的规定,说得通俗一点,可以归纳为变更车道"四要素"。

一是"让所借车道内行驶的车辆或者行人先行"。要通过后视镜观察车后情况,确保与相邻车道内的车辆有安全距离后,打开转向灯,方可变更车道。

二是"按顺序依次行驶,不得频繁变更机动车道"。作为驾驶人应当懂得"欲速则不达"的道理,有时你左超右超看起来是快了一点,但因为连续变更车道会增加危险系数,一旦与其他车辆相撞,耽误你的绝不是一会儿半会儿的时间。

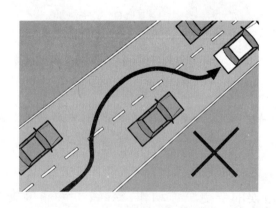

三是"不得一次连续变更二条以上机动车道"。这一条强调的是,行驶在有多条机动车道的道路上变更车道时,不能一下子从某一车道越过几条机动车道行驶。否则,灾难将随时可能降临。

22. 变更车道"四要素"

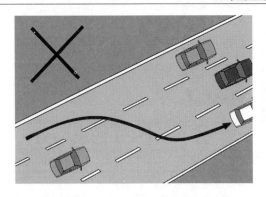

四是"左右两侧车道的车辆向同一车道变更时,左侧车道的车辆让右侧车道的车辆先行"。这一条讲的是变更车道行驶的顺序问题,右侧为先,左侧为后,这既是安全行车的一个准则,也是国际上通行的惯例。

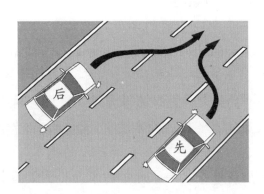

敬告驾驶人

行车途中应警惕,变更车道别心急。
频繁变道危险大,依次行驶是本理。
礼让右道车先行,莫让事故找上你。

83

23 会车不当惹麻烦

会车，顾名思义就是两车相会。作为驾驶人，每天驾车上路可能要遇上无数次会车。但就是这个普普通通的会车，可能隐藏着巨大的安全隐患。道路交通安全法律法规对会车有许多严格的规定，一旦不遵守这些规定，就很有可能引发事故。那一件件因会车引发的血案，足以让我们在惊心动魄中认识到：会车万万不可掉以轻心！

北京的秋天是一年中最美丽的季节，也是个收获的季节。一缕缕带着凉意却又十分柔和的秋风吹过，更增加了人们的愉悦心情。

老周今年刚40，自己有一辆福田小货车，来往于各个建材市场从事货运工作。由于老周待人诚恳，为人厚道，受到了客户的广泛好评，有许多人即使排队等候也要用他的车运货。每次运货，他总是准时到达，车开得又快又稳。因此，他每天都有近百元的收入，好的时候一天就能赚到三四百。老周的妻子在一家超市打工，儿子上高中，聪明好学。这个三口之家虽然不是特别富裕，但日子过得也是其乐融融。儿子前些日子刚刚参加完高考，成绩不错，不出意外的话能考上一所好大学。这天，老周的电话响了："爸爸，我被北大录取了！"听了儿子的话，老周很兴奋！周家的历史上，还从来没有出过大学生，他开始憧憬儿子长大成材的那一天。赶快回家！他不由得提高了车速……

小丁来自四川，今年20多岁。别看年龄小，修车的手艺却十分了得。几年前，他就在老家开始从事汽车修理工作，并且已是远近闻名。但是他并不满足。他认为，要进步就必须要增长见识，自己这么年轻，

23. 会车不当惹麻烦

应该到外面广阔的世界去看一看。于是，他毅然辞掉了收入不菲的工作，告别父母，一个人背起行囊，一路北上来到首都。北京对于他来说一切都是新的，一座座高楼大厦，一片片鲜花绿地，似乎他的梦想就在其中。他到京后借住在老乡家里，没几天的工夫，就联系上了一家经营高档汽车的4S店，并约好下午去面试。小丁满怀信心，因为他相信自己的手艺。似乎，新的生活就要开始了。

然而，这两个有着美丽梦想的人却在噩运中遭遇了。这天天色已黑，老周驾车在朝阳区某乡附近一条没有中心隔离设施的道路上行驶时，与一辆迎面驶来的大货车会车。由于当时对向车的速度很快，又打着远光灯，十分晃眼。老周连续变换远近灯光示意对方关闭远光灯，可对方却毫不理会。路窄、车快，老周本应将车速降下来，这样会安全一些，但他没有这样做，而是往右侧转向，打算躲让一下。结果，对面来车是躲过了，黑暗中，却将在路边候车且毫无防备的小丁碾轧至车底。随后，车又冲上便道，与一根电杆猛烈相撞。老周被压在驾驶室内，当场死亡。两个鲜活的生命，带着他们还没有实现的梦想，在刹那间消失了。

冬天的一个深夜，来京务工的青年小周靠着自行车，站在路边等着接女朋友小英下班回家。这条路不宽，并且没有路灯，小周站在路西侧，对面就是女朋友上班的服装厂，厂门紧靠着路边，厂里灯火通明。这对情侣相恋已有3年多的时间了，双方家长见过面，对两个人也很认可。前不久，两家商量妥当，准备在春节期间把二人的婚事给办了，幸福马上就要来临了。

小英在工厂里收拾东西准备下班，姐妹们在一旁和她开着玩笑："英姐，白马王子肯定在门口等着哪，你快点收拾吧。晚了让人给抢去了，哈哈……""别瞎逗了，快走吧。"她含羞带笑地答应着。刚走出工厂的大门，小英一眼就看到了对面的男朋友，一丝甜蜜、一丝温暖漾遍心头，两个人微笑相对，幸福洋溢在脸上。

这时，马路南北双方向都有车开了过来，由南向北驶来的是一辆大货车，由北向南开过来了一辆小货车。当两车在服装厂门口会车时，因为对面大货车开着远光灯，小货车驾驶人胡某几乎看不清前方的路，他没有减速而是向右转向躲闪。就在这一刻，随着刺耳的撞击声和女孩的尖叫声，小货车因为向右侧躲得距离过大，一下将站在路边的小周撞飞出去十几米远，小周落地后当场死亡。小英亲眼目睹了自己男朋友被撞身亡的惨烈场景，当即晕倒在地。事后，驾驶人胡某也对自己疏忽大意的行为悔恨不已，他痛恨自己在会车时为什么不减一下速或者停车让一下。然而，一切都已无法挽回，在周家痛失亲人的同时，胡某也因交通肇事罪而锒铛入狱。

以上两起事故，都是因为驾驶人在会车时采取措施不当，将路边行人撞死的典型案例。那么，如何才能做到正确会车呢？

《中华人民共和国道路交通安全法实施条例》第四十八条做出了明确规定，即在没有中心隔离设施或者没有中心线的道路上，机动车遇相对方向来车时应当遵守下列规定：

（一）减速靠右行驶，并与其他车辆、行人保持必要的安全距离；

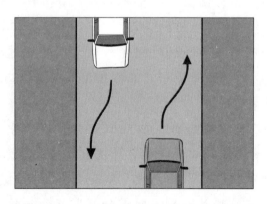

（二）在有障碍的路段，无障碍的一方先行；但有障碍的一方已驶

入障碍路段而无障碍的一方未驶入时，有障碍的一方先行；

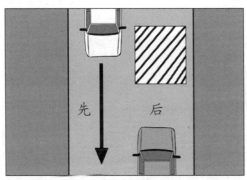

（三）在狭窄的坡路，上坡的一方先行；但下坡的一方已行至中途而上坡的一方未上坡时，下坡的一方先行；

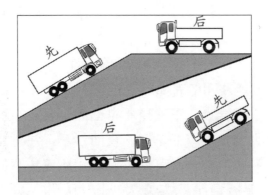

（四）在狭窄的山路，不靠山体的一方先行；

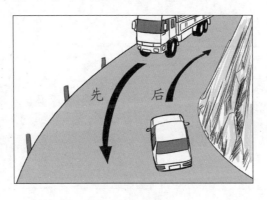

（五）夜间会车应当在距相对方向来车150米以外改用近光灯，在窄路、窄桥与非机动车会车时应当使用近光灯。

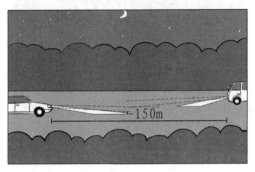

除了上述法规规定之外，下面再向大家介绍一下日常行车中一些会车常识。

会车时要"先让、先慢、先停"。应在会车前弄清来车及路面的交通情况，选择适当会车地点，控制车速，稳住方向盘，保证会车时有足够的横向间距。靠右通过，做到安全会车。

在路面狭窄或道路两旁有障碍物的情况下会车，应根据对向来车的速度、路况选定交会点，正确控制自己的车辆。在视线不清的情况下会车，更应提高警惕，降低车速；夜间行车，注意及时变换灯光，并加大两车横向间距，必要时可停车避让；还应注意借助对向来车的灯光观察情况，看是否有行人、骑车人或其他障碍物以便及时采取措施，有效降低危险。

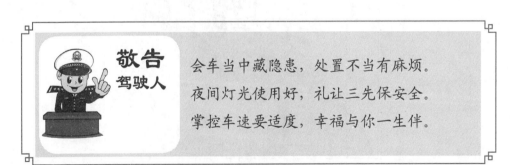

会车当中藏隐患，处置不当有麻烦。
夜间灯光使用好，礼让三先保安全。
掌控车速要适度，幸福与你一生伴。

24 尾随超车害自己

分析众多的交通事故，有一个比较突出的现象，驾车尾随超车而导致的交通事故占有相当的比例。造成这种事故的主要原因在于驾驶人往往急于赶路，安全意识不强，尾随他人的后边随意超车。要知道，当你尾随他人超车的时候，在前面的车辆紧急并线后，你极有可能面临对面疾驶而来的车辆，往往躲闪不及而受到致命的一击。

"十一"黄金周期间的一天下午，北京的金某驾驶自家的桑塔纳2000型小汽车从五台山度假后返京，车上拉着妻子、儿子、岳父、岳母一家五口人。经过一路的长途跋涉，车子渐渐驶入北京管界，眼看离家越来越近，金某那颗一直悬着的心也渐渐放轻松了些，为了尽快赶回家，他又点上一支烟，加大了油门。行驶中，有一辆外埠集装箱大货车在金某车前面一直压着走，金某超了几次也未能超过去，甚至这辆大货车的车速比桑塔纳2000还快，基本上也是见车就超。金某心想："你能超，我就能超，你还在前面给我开道呢。"于是金某紧随这辆大货车，一前一后一直跟随了十几公里，当两辆车行至大兴某路段时，前面的集装箱大货车在超越同方向行驶的一辆东风130货车时，从对面急速驶来了一辆大货车，集装箱大货车驾驶人见状急忙强行超过130货车后迅速向右转向才勉强并回到顺行线上。而此时紧随其后跟着超车的金某想躲避已经来不及了，桑塔纳2000与对面疾驶而来的大货车迎头撞在了一起，由于两辆车车速都相当快，撞击力非常大，桑塔纳2000顿时变成了一堆烂铁，金某一家五口人被包裹在汽车的残

远离车祸50招 —— 一位老交警的忠告

骸之中,四个大人当场撒手人寰。在危险发生的瞬间,孩子的妈妈本能地用自己的身体紧紧护住小孩,想使他免于遭受伤害,但车祸仍然给这个幼小的生命造成巨大的创伤,经过医院三天的抢救后,孩子也不治身亡。

刚满27岁的任某是某急救中心的一名医师,不久前,他和妻子闫某刚刚步入了婚姻的殿堂,家庭美满幸福。一天晚上,任某参加完单位的聚餐后,驾驶着自己的富康车回家。

喧闹了一天的北京城渐渐恢复了少有的宁静。而此时的四环主路,依然是一片车水马龙的景象,一辆辆颜色各异、款式不同的汽车,整齐、有序地向各自的目的地进发,仿佛一排排列队待阅的士兵。

也许是归心似箭,在车流中,任某驾驶着这辆黑色富康左冲右闯,如同大军中脱缰的野马,在车流中穿梭自如,仿佛把道路当成了自己的赛车场。转眼间时针指向了11时,富康车"飞"上了东风桥,因为是桥区又有转弯,前方驾驶人都放慢了车速,任某虽然发现了前面的情况,但由于对这条道儿轻车熟路,他并没有要减速的意思,而是急转方向,从第二条车道猛地向右并线,从两辆重型集装箱运输车中间的夹缝儿中斜插向最外侧车道,准备以最快的速度从外侧超车。就在这时,一辆环卫作业车正低速行驶在最外侧车道内进行清扫作业。伴随着"轰"的一声巨响,悲剧发生了,富康车右前角狠狠地撞到了环卫车左后角上,巨大的撞击力使得富康车腾空而起,在空中翻转一周后,狠狠地摔到了第三条车道内。经过短暂的喧嚣过后,一切又恢复了宁静,一个年轻的生命就此戛然而止。刚才还风风火火的富康车,没能把任某送到温馨的爱巢,而像一具黑色的棺材,载着他直接奔向了地狱的大门。当任某的同事打电话,把这个残酷的事实告诉他妻子的时候,电话的另一头传来了一个女人近乎疯狂而又绝望的哭喊……

这两起血淋淋的事故让人警醒:超车时一定要保持足够的安全视距,千万不可盲目超车,特别是要避免尾随大货车超车,因为大货车

24. 尾随超车害自己

极易挡住自己的视线，一旦前方有险情，大货车能躲过，而自己处于盲区范围，几乎没有反应时间，必将处于险境之中。

《中华人民共和国道路交通安全法》第四十三条对四类禁止超车的情形作出了明确规定：

一是，"前车正在左转弯、掉头、超车的"不得超车。

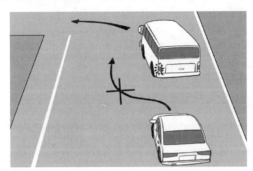

二是，"与对面来车有会车可能的"不得超车。

三是，"前车为执行紧急任务的警车、消防车、救护车、工程救险车的"不得超车。

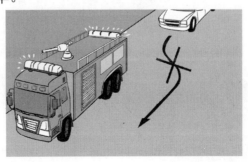

四是,"行经铁路道口、交叉路口、窄桥、弯道、陡坡、隧道、人行横道、市区交通流量大的路段等没有超车条件的"不得超车。

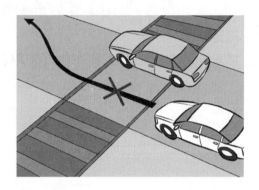

《中华人民共和国道路交通安全法》是经验的结晶,我们每个驾驶人都要严格遵守。尤其是当行驶到没有中心隔离护栏、隔离墩、隔离带等设施的国道、市道、郊区、乡村道路时,一定要谨慎小心,不要盲目跟随其他车辆超车,特别是不能跟随在大型车辆后面超车,防止因视线被大车挡住而出现险情,夜间更要加倍小心。

超车本已藏隐患,尾随行驶更危险。
不可争得一时快,出了事故返家难。
切记超车"四禁止",确保行车永安全。

25 强行超车危险重重

我们知道了尾随超车存在危害性，而这一篇，重点强调一下驾驶人不要强行超车。因为强行超车也是导致事故多发的重要原因。经相关部门调查统计，近几年在全国每年发生的交通死亡事故中，因强行超车违法行为而引发的交通事故占有相当大的比例。

一天下午，王某驾车从北京返回河北老家。一车人有说有笑，好不快乐。原来王某的儿子现就读于湖北某著名医学院，虽然当时大学一直都在扩招，但对于考医学院校来说，还是很有难度的，更何况学医的，今后工作环境和待遇都很不错，因此儿子成为全家人的骄傲。而他能够有今天的出息，除了自身勤奋好学外，与爸爸的百般疼爱也是分不开的。这次，儿子想在寒假期间让爸爸开车带他去北京购买一些当地买不到的专业用书，一同去北京的还有王某的弟媳曹某和外甥女肖某。

在行驶途中，当王某驾驶桑塔纳小汽车行驶到北京郊区107国道某路段时，想超越前方的一辆大货车，超了几次，大货车既没减速也没让路，王某都没能超车成功。继续行驶出一段距离后，王某加大油门，探出车头强行超越大货车，但就在他超过大货车尚未来得及往回并线的时候，与对面一辆疾驶而来的大货车迎头相撞……这起事故，造成王某及3名乘车人当场死亡。

应该说，这起血淋淋的事故主要是强行超车造成的。如果当时王某有足够的安全意识，不强行超越大货车，这一幕悲剧完全可以避免，惨痛的教训令人深思。在超车时除严格遵守《中华人民共和国道路交通安全法》第四十三条关于超车的相关规定外，我们应该尽可能多地掌握一些超车常识。

1. 超车前应充分了解所驾车的加速性能并观察前车的动态，要选择路面平直、视线良好以及前方没有来车的路段超车。

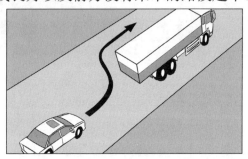

2. 通过后视镜观察左侧车道上有无车辆，或有无其他车辆正在超越自己的车辆，如果有，应该让其先行。

3. 要掌握好安全视距，一般情况下，超车时要看清几百米外的情况，也就是说，要看出前方几个车的距离，不能使自己因处在被超车辆后边而存在视觉盲区，尤其是超越大型车辆时更要注意这些。

25. 强行超车危险重重

4. 如果道路较窄，且是双向行驶，则需要注意对面有无来车。如果在超车过程中有与对面来车会车的可能，则不得超车。

5. 超车的过程中发现左侧有障碍物或对面来车距离很近时，要保持头脑冷静，尽快减速停止超车。切不可紧急制动，以免车辆发生侧滑或跑偏引起碰撞，不得存有侥幸心理强行超车。

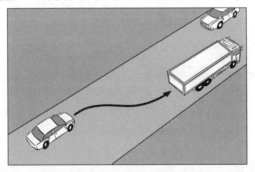

6. 超车前应先开启左转向灯并鸣喇叭示意，夜间超车时应不断变换远近灯光示意，等前车让路让速后，方可从前车的左侧超越。

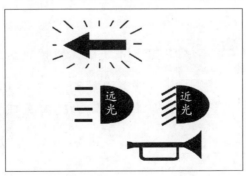

7. 超越前车后,不能过早地驶入原来的行驶路线,在确认与被超车辆拉开必要的安全距离后,打开右转向灯驶回原车道。

8. 在被超车辆让路不让速时,也尽量不要超车,一旦具备超车条件时,要迅速、果断,尽量减少超车时间,保证超车过程快速完成。

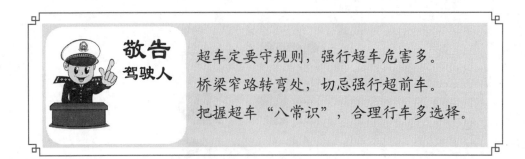

超车定要守规则,强行超车危害多。
桥梁窄路转弯处,切忌强行超前车。
把握超车"八常识",合理行车多选择。

26
倒车时"一禁止"、"三留意"

倒车还会出事故吗？存在这种疑问的驾驶人肯定不止一两个人，但是在现实生活中，因驾驶人倒车不慎而引发的交通事故屡见不鲜，特别是在高速公路上，这样的事故一旦发生后果会更加严重。

几年前，在京通快速路上发生过一起外甥倒车轧死亲舅舅的事故。

大货车驾驶人姓曾，家住河北三河，从十年前开始跟舅舅李某合买了一辆大货车跑运输，每天往返于三河与北京之间。几年来，买卖越做越好。出事儿的这天晚上9点多，小曾和舅舅跑第二趟活儿，由东向西走到某立交桥时，本应右转弯奔北走，但是，小曾一马虎，错过了出口。他连忙靠边停住了车，回头一望，已过了出口有七八十米远。从安全角度讲，他应该开到前边的立交桥去掉头，但为了节省点时间，他采取了倒车的方法，由他舅舅下车，在车后指挥着倒车。"倒！倒！倒……"随着舅舅的提示，车辆一步步向后挪着。当车子快要倒到出口时，由于由东向西的车辆较多，他舅舅被迫停住了脚步，用手拍打着后车厢，并大声喊着："慢点！慢点！"示意他停车等等。但是，由于车多声大，小曾对舅舅的喊话根本就没有听到，加上对车后的情况十分不了解，他还是继续加油往后倒车，将他舅舅撞倒后，右后轮活生生地从舅舅身上轧了过去。待过往的驾驶人喊他，他才意识到出事了，将车停了下来。望着舅舅被自己的车轧死，小曾顿时傻了眼。事后，小曾驾驶证被公安机关吊销了，还被法院判处有期徒刑一年，缓刑一年。

不久前，在京沈高速公路上也曾发生过一起倒车亡人事故。当时，一辆大货车由东向西行驶，驾驶人本意是出京沈主路，去北京六环方向，但由于他一时疏忽，加之道路不熟、车速快，大货车一下子开过了出口，驾驶人下意识踩住刹车停了下来，大货车停留片刻后，在距出口100多米远的位置缓慢倒车，准备倒车后出主路，此刻适有一辆大客车从后面急速驶来，大客车驾驶人来不及采取措施，大客车一下子撞到了大货车的尾部，当场造成大客车上3名乘客死亡，11人受伤。

无独有偶，几年前在北京一条环路上还发生过一起结婚礼仪车因在主路出口倒车，生生把指挥倒车的新郎的亲叔叔当场轧死的事故。这件事一时间传遍了大半个北京城，成为人们街头巷尾议论的话题。

造成上述事故的原因在于，驾驶人违反法律规定，在主路上违法倒车，从而导致悲剧的发生。违法的代价是惨痛的，逝去的生命再也无法挽回。本文从日常安全行车的角度，把驾驶人安全倒车归纳为"一禁止"、"三留意"。

1. 一禁止。

"一禁止"即禁止在高速公路上倒车，高速公路上车速快、车流量大，驾驶人倒车是相当危险的，一旦发生事故往往是非死即伤，以往在全国不少高速公路上都有很多这样的事故发生。为了减少这种违法行为，国家相关法律法规有着严格的处罚规定，如果驾驶人出现上述违法行为时将会受到200元的罚款，并一次记12分。

2. 三留意。

一是要留意车后跟进的行人、自行车或其他车辆，待看清情况后方可倒车。这类事故在日常生活中比较常见。例如：某天，在北京朝阳区某购物中心停车场，有一位20多岁的天津女孩驾车来此购物。晚上9点多，女孩把大包小包的东西装上车准备回家。当她驾车从停车场出来行至出口时，由于转向角度过大，车没能驶出出口。女孩没有

26. 倒车时"一禁止"、"三留意"

观察后面的情况，迅速挂上倒挡就倒车。而此时，正遇有两名妇女从她车后面的甬道内经过，其中一名妇女当即被撞倒，后脑磕在了水泥路面上，造成颅底骨骨折，颅内出血。后经医院多方抢救，才保住了性命。这名妇女是外省一家科学研究院的专家，这次是来北京出差，由于白天工作忙，利用傍晚休息时间出来购物。不成想，险些因车祸丢了性命。

二是要留意在他人帮助指挥倒车时要防止出现意外情况。现在在一些大的商场、车站、饭店等繁华场所，停车场内一般都有停车管理人员帮助看护车辆，一旦有车辆倒车时，他们都主动地站在车后帮助指挥。这些人许多都不是驾车的内行，对于停车的间距、角度也不是十分了解。如果你只听他的，很可能就和其他车辆发生碰撞。车场管理人员帮助指挥倒车虽是好意，但有时却帮了倒忙，所以这种情况下一定不能放松警惕。

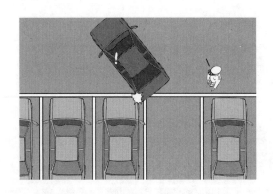

三是要留意倒车雷达的局限性。现在，随着科学技术的发展，不少驾驶人朋友都给自己的爱车安装了倒车雷达，这也的确带来了极大的便利。但是要知道，倒车雷达有它的局限性，它只能对类似于整堵墙面或正对探测头的物体产生准确反应，而对高出、低于或偏于探测头（探测头通常安装在保险杠上）的物体存有盲区，遇上护栏或低坎儿、深沟等其均不能发挥作用。另外，对倒车雷达的灵敏性也要随时掌握。如果当你倒车时，倒车雷达传达给你的是错误信息，后果将不堪设想。

此外，关于倒车的安全问题，《中华人民共和国道路交通安全法实施条例》第五十条规定："机动车倒车时，应当察明车后情况，确认安全后倒车。不得在铁路道口、交叉路口、单行路、桥梁、急弯、陡坡或者隧道中倒车。"对于这些规定，每个驾驶人都应该严格遵守，这是保证安全的基本要求。

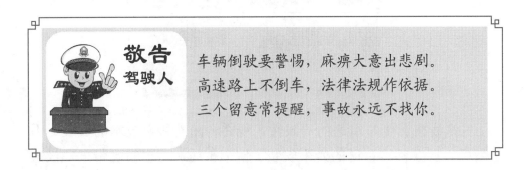

车辆倒驶要警惕，麻痹大意出悲剧。
高速路上不倒车，法律法规作依据。
三个留意常提醒，事故永远不找你。

27 夜间行车"十留意"

夜间行车，视野不如白天开阔，安全系数降低，加之有的驾驶人出车时间过长，会出现头晕、视觉模糊、注意力不集中等现象，导致对道路两旁的情况判断失误，从而诱发交通事故。

一个春节前的夜晚，小李驾驶着单位的面包车行驶在返回的路上。经过一年勤勤恳恳的忙碌，小李单位的领导对他十分赏识，再加上单位整体效益不错，前些天，领导许诺要给他发过节费。小李心里充满了兴奋，只盼望能尽快回家和家人团聚，一起欢欢喜喜地过个年。

小李的老家在河南农村，在他考取驾驶证一年后，就在北京找到了一份开车的工作，每天负责往施工工地送饭、送零配件。工作不累，还管饭，与那些整天辛辛苦苦在水泥、沙子堆里工作的老乡们比起来，这显然是很不错了。这天晚上，单位领导派他给工地送货。当他驾车返回途中行驶到朝阳区某路时，遇到了一处施工路段，由于道路两侧没有路灯，视线也不好，小李打开了远光灯行驶。这时，有一辆拉渣土的大货车从对向开了过来，又高又亮的远光灯晃得人睁不开眼。小李变换了一下远、近光灯，示意对方关闭远光灯，但对方没理会，他索性也开着远光灯继续行驶。车速快、路窄，加上夜间使用灯光不当等原因，两车相剐后，小李的面包车一下子就向右栽到了路边沟里。小李头部受重伤，花了几万块钱医药费才勉强保住了性命，春节也没回得了家，而是在医院度过的。

夜间行车危险性大，在夜间行车时，驾驶人要尽量做到"十个留意"。

1. 留意开启灯光的时间。

一般情况下，天一黑随着路灯的开启就要主动打开灯光；没有路灯的地方，要根据车速和视距尽量早开灯。开灯不仅仅是为了照明，看清前面的路况，更重要的是要让其他车辆或自行车、行人能够观察到你的车。《北京市实施〈中华人民共和国道路交通安全法〉办法》第四十一条规定："机动车在夜间路灯开启期间，应当开启前照灯、示廓灯和后位灯。"

2. 留意控制车速。

夜间即使开灯行驶，可视距离也远远小于白天。所以，夜间行车应适当降低车速，以保证车辆的制动距离在前照灯照亮的距离之内，从而能及时应对危险情况。《中华人民共和国道路交通安全法》第四十二条要求驾驶人在夜间行驶时，应当降低行驶速度。

3. 要留意尽量避免超车。

当发现前方有车辆时，要与其保持比白天更大的车距，尽量不要超车。

27. 夜间行车"十留意"

4. 要留意在照明不好的地方尽量使用远光灯。

只要不违反道路交通安全法律法规，在乡村道路、没有路灯的街道等照明不好的地点尽量使用远光灯，以提高可视距离。对向有来车时，要及时把灯光换成近光，不要使对向的驾驶人炫目。

照明不好使用远光灯

5. 要留意在照明好的地方使用近光灯。

在照明好的地方使用近光灯可以最大限度地借助路灯，把视野扩大到前照灯照射以外的区域。

照明良好使用近光灯

6. 留意不要直视迎面而来车辆的前照灯。

因为直视其前照灯，会因受强光照射而突然失去视觉，不能看清前方的道路情况。应用余光观察，避开直视。

勿直视对面来车前照灯

7. 留意车内灯尽量不要打开。

夜间行驶，眼睛会逐渐适应黑暗的环境。若打开车内照明灯，则会使已经适应黑暗环境的视力突然下降。

8. 留意遇对向车辆不关远光灯时要及时避让。

驾驶人须冷静对待这种情况，注意不要直视对向的灯光，而应在仔细观察道路右侧边缘的同时，用眼睛余光观察来车，千万不要试图用强光"还击"，这样会使两个人都看不见，极易发生事故。若对向车不改用近光灯，勿强行行驶，应及时停车避让。

9. 留意前方的道路情况。

夜间行车时，常会遇到停驶的车辆、意外障碍物以及不易被观察到的行人或自行车等。另外，也会因突然出现的急弯或陡坡而看不到前方的路面。因此在行车时要集中注意力，时刻观察前方道路情况，谨慎行驶，随时准备应对突发情况。

27. 夜间行车"十留意"

10. 留意前方车辆灯光的异常情况。

有时行车中会遇到对向来车是"一只眼",容易导致对来车横向距离的判断失误;有时前方顺行车辆只有一只尾灯,有的车辆甚至尾部没有亮光,刹车灯、尾灯全没有,极易造成追尾。

夜间行车危险大,"十个留意"保顺达。

控制车速少超车,远近灯光勤变化。

注意路况防障碍,集中精力不言他。

28 恶劣天气掌控车速最重要

冰雪雾天等恶劣天气行车，最易发生交通事故。因为这种天气，会对驾驶人的观察能力产生极大影响，加之冰雪路面上摩擦系数较低，机动车的制动距离较正常条件下延长一倍以上，这些都对安全行车构成威胁。

某日凌晨，京冀两地突降大雾，在京沈高速公路河北至北京段，一时间能见度不足20米。这场大雾来得太快了，以至于路政部门在采取封路措施前，已有不少过往车辆涌进了高速公路内。雾大，视线不清，给安全行车造成的困难是可以想象的。在这些涌进高速公路的车流中，有经验的驾驶人纷纷开起雾灯，将车速降下来缓慢行驶着，有的驾驶人为保险起见索性将车开进高速公路休息区不走了，但仍有个别驾驶人安全意识不强，车速非但没减，连雾灯也未打开。果不其然，浓雾中，随着几声尖锐的紧急刹车声和撞击声，一起多车追尾的事故发生了……

当民警和路政人员火速赶到后，立即勘察、清理现场，并在来车方向几百米远的地点码放了反光锥桶和反光标志牌。就在救援人员紧急清理现场的过程中，随着一阵阵尖厉的警报声，一辆丰田吉普车在浓雾里高速向事故现场驶来，这辆吉普车连续超过几辆车之后，又将路面上设置的锥桶和标志牌撞飞，现场维护人员大声喊话令其停车，但此车仍没有减速停车的迹象。随着一声巨响，吉普车硬生生地撞在了内侧车道的一辆事故车尾部，吉普车严重毁坏，车上4人全部被挤压在车内。事故现场的路政人员和民警连忙进行施救，由于吉普车车身变形，最后使用破拆工具，才将4人从车内救了出来，但是驾驶人与两名乘车人已经死亡，另一名乘车人也受了重伤。

马某平时酷爱汽车，还时不时地总爱开个快车。春节前的一天上午，马某从别人那里借来了一辆丰田汽车，准备回到北京顺义郊区的老家过年。正赶上前一天夜里北京地区下了一场大雪，路面上积雪量很大。同事们纷纷劝他，雪天路滑，缓几天再回去，但他没在意同事们的劝告，还是开车奔了顺义。一路上，其他的车辆都在雪地里缓慢地行驶着，车速也就20公里/小时左右，但他认为自己驾驶技术好，速度达到60公里/小时。当他驾车行驶到京顺路某路口左转弯时，由于速度快，加上路滑，车辆一下子横过来，在马路上滑行了起来，瞬间"铛"的一声，汽车狠狠地撞在了路侧的大树上才停了下来，马某头部严重受伤，车辆基本报废。后来在医院的抢救下，马某逃过了死神的魔掌，但成为一个植物人，整日卧床不起，完全丧失了生活自理能力。

这两起事故是比较典型的雪天、雾天的事故案例，警示广大驾驶人在雪天、雾天行车一定要把握好车速和车距。关于在雨、雪、雾天的安全行车问题，道路交通安全法律法规都作出了明确规定。

在高速公路上行车，《中华人民共和国道路交通安全法实施条例》第八十一条规定："遇有雾、雨、雪、沙尘、冰雹等低能见度气象条件时，应当遵守下列规定：（一）能见度小于200米时，开启雾灯、近光灯、示廓灯和前后位灯，车速不得超过每小时60公里，与同车道前车保持100米以上的距离；（二）能见度小于100米时，开启雾灯、近光灯、示廓灯、前后位灯和危险报警闪光灯，车速不得超过每小时40公里，与同车道前车保持50米以上的距离；（三）能见度小于50米时，开启雾灯、近光灯、示廓灯、前后位灯和危险报警闪光灯，车速不得超过每小时20公里，并从最近的出口尽快驶离高速公路。"

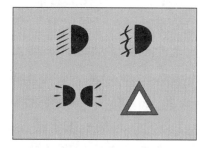

在普通道路上行车，《中华人民共和国道路交通安全法》第四十二条规定："……遇有沙尘、冰雹、雨、雪、雾、结冰等气象条件时，应当降低行驶速度"；《中华人民共和国道路交通安全法实施条例》第四十六条规定："机动车行驶时遇雾、雨、雪、沙尘、冰雹，能见度在50米以内时，最高行驶速度不得超过每小时30公里"。

冰雪雨雾沙尘天，行车不逊蜀道难。
大意疏忽不可有，自命不凡埋隐患。
掌控车速最重要，安全永在你我间。

29 切勿与特种车抢行

在日常生活中，警车、消防车、救护车、工程救险车等应急抢险车辆，担负着维护社会治安、处置突发事件、救护伤者、施工抢险等特殊任务。因此，驾驶人在驾车中，应当养成自觉避让的良好习惯，不要与之抢行。

北京深秋的一个夜晚，一辆急救车疾驰在公路上。原来，在20分钟以前，市"999"急救中心接到一名群众求救电话，称家中84岁的老母亲突发心脏病，请求医生前往救助。驾驶人老王和救护大夫在接到电话后，以最短的时间驾驶救护车前往。他们在病人家中对患者进行了初步抢救后，将其抬上救护车准备赶往急救中心实施进一步治疗。当急救车行至某桥下路口时，准备右转弯开往急救中心。可就在救护车闪着警灯准备进入弯道的瞬间，从左侧突然开过来一辆宝来小汽车，车速相当快。老王按了两声警报器，提醒对方避让，可对方好像没听见一样，依然快速抢过来。由于双方车速太快，宝来车右前部一下撞在了救护车的左侧，当即把救护车撞入了路边1米多深的沟中。在这起事故中，救护车驾驶人老王和随车医生都受了伤。而84岁的患者尹某，在巨大的撞击力下，加重了病情，最终不治身亡。

在城市管理中，抢险、救助的事情很多，作为一名驾驶人，每天行车中都可能会遇到这种情况，此时应该做好以下两点。

一是应主动避让这些车辆，切不可与之抢行。一旦因抢行发生事故，要追究相关责任。《中华人民共和国道路交通安全法》第五十三

条规定:"警车、消防车、救护车、工程救险车执行紧急任务时,可以使用警报器、标志灯具;在确保安全的前提下,不受行驶路线、行驶方向、行驶速度和信号灯的限制,其他车辆和行人应当避让。"这是以法律的形式,将上述四类车在执行紧急任务时享有的特殊通行权予以明确的规定。

二是在高速公路、城市快速路行车中不要占用应急车道行驶,因为这是一条抢险救助的"绿色通道"。一旦这条车道被堵,会造成救险、救护车辆不能通行,将直接影响到各类紧急情况的处置。《北京市实施〈中华人民共和国道路交通安全法〉办法》第五十三条规定:"警车、消防车、救护车、工程救险车在执行紧急任务时,可以在应急车道内行驶,其他机动车不得在应急车道内行驶。"如果违反规定在应急车道行驶,驾驶人将会受到罚款200元的处罚。而且公安部2012年颁布的123号中也明确规定"驾驶机动车在高速公路或者城市快速路上违法占用应急车道行驶的"一次性记6分。

社会犹如大家庭,细致分工各不同。
特种车辆离不了,"绿色通道"要保证。
驾车出行要避让,不与他们来抢行。

30 行车中"小动作，大危害"

机动车驾驶人，开车时打手机、抽烟、吃东西等一些影响行车安全的现象还比较普遍。这些事情看起来很小，但这些不经意间的"小动作"，却时常成为引发重大交通事故的根源，给人民生命财产安全造成相当大的危害。

某天早晨，7点多，李某驾驶着崭新的宝来小汽车，行驶在京承高速公路进京方向的路上。刚过某出口，小汽车突然一头撞向了道路左侧的中心隔离护板，在巨大惯性的作用下，小汽车在道路中间转了两个圈后，车头又重重地撞在了道路右侧护板上。宝来车严重损坏，李某也因伤被送进了医院，经诊断为急性闭合性颅脑损伤，生命垂危，经医院奋力抢救才保住了性命。事故现场一片狼藉，保险杠、机械零件、漆皮纷乱地散落在三条车道上。在勘察过程中，民警没有发现李某的车与其他车辆有接触过的痕迹，车辆轮胎也基本完好。为什么在道路视线良好的环境中会发生如此重大的交通事故呢？带着疑问，民警首先对李某进行了酒精检测，结果李某体内酒精含量为"0"。在对李某妻子的询问中了解到，李某是市区一所医院的主任医师，平时很少喝酒。出事的前一天，他带着家人到郊区的亲戚家串门，因为天色渐晚就留住在亲戚家，晚饭时李某也没有喝酒。他还对妻子说："我明天值班，早上就走，你跟孩子多睡一会儿，下午再坐长途车回家。"当日晚上10点左右，李某就上床休息了，第二天早晨6点起床后开车去市里上班。

酒后驾车和疲劳驾驶的因素均不存在，那到底是什么原因引发的这起事故呢？民警百思不得其解。

由于李某处于昏迷状态，无法对其进行询问，民警决定再次勘察他所驾驶的车辆，希望能从中找到蛛丝马迹。眼前的宝来车，整个车体已经面目全非。经过仔细勘察，民警在驾驶室副座底下找到了一部手机。经李某妻子证实，这部手机正是李某所用。通过查看通话记录，民警发现这部手机在事故发生前的最后一个未接来电显示时间是早晨7点09分，这个时间仅比事故报警时间早约3分钟，且未接来电号码正是李某所在单位的电话号码。民警又来到李某的单位调查，一位姓郝的医生回忆：老李出事当天早晨，有一位患者需要做手术，所以给他拨打了手机电话，但他没有接听，后来才听说他在早晨出了交通事故。

一个星期后，李某苏醒了，经过民警耐心地询问，他终于说出了实情：原来事发当天，李某发现手机没电了，就在上车前换了一块电池，并随手将手机放到副驾驶座上。当行驶到那个出口时，手机突然响了起来，当他正要接听时不慎将手机碰掉在副座下，于是他用左手扶着方向盘，右手去捡手机，这时车子突然向右跑偏了，他下意识地向左转了一下方向盘，结果车一下就撞到了路中心护板上，接下来发生的事情他就回忆不起来了。至此，事故的真相终于明了。李某颇有感触地说："人的一生可能会犯很多次错误，但生命只有一次，行车中犯下再微小的错误，都有可能要付出生命的代价。我今后一定会把这次经历告诉周围的亲友——驾车时一定要精神集中，遵守法规，珍惜自己和他人的生命。"

某日，一辆往返于河北和北京之间的长途大客车行驶在京津塘高速公路进京的路上。这辆车上满载着40多位乘客，加之外面天气冷、车内气温高，车玻璃上凝结了一层水雾，非常影响驾驶人观察。一路上，跟车的副手不断用毛巾帮驾驶人擦前挡风玻璃上的雾水。但是擦一遍，只能看清一会儿，再不擦，就又结上雾了。行驶中，跟车的副手渐渐

30. 行车中"小动作，大危害"

地有点累了，靠着椅子打起了瞌睡。车开了一会儿，挡风玻璃又"花"了，驾驶人刘某不忍心叫醒副手，自己拿过毛巾擦玻璃上的雾气。但有的地方刘某坐着够不着，于是他就探起身子去擦，来回反复了几次。就在刘某的脚离开制动踏板，再次探起身子去擦玻璃的时候，他突然发现前面有一辆大货车停在路中间（故障车），他想踩刹车已经来不及了，赶紧猛转方向盘，结果大客车失控，向右撞断了道路右侧的护板后，侧翻入路边 3 米深的排水沟里，当即造成了 4 死 10 伤的特大交通事故。为此驾驶人刘某被判刑入狱三年。

通过这两起事故，我们应当汲取这样的教训：在驾车过程中一定要集中注意力，绝对不能做打电话、吃东西、吸烟等有碍安全驾驶的动作。对此，《中华人民共和国道路交通安全法实施条例》第六十二条明确规定：驾驶机动车不得有"拨打接听手持电话、观看电视等妨碍安全驾驶的行为"。若违反这条规定，《北京市实施〈中华人民共和国道路交通安全法〉办法》第九十七条也明确了处罚标准，违法驾驶人将会受到罚款 200 元的处罚。

敬告驾驶人

拨打手机或吸烟，行车事故难避免。
动作再小危害大，悲剧发生一瞬间。
劝君莫做"小动作"，规范驾驶保平安。

31 心态失衡勿驾车

应当讲,良好的心态是安全行车的重要保障。当驾驶人心态失衡,表现出焦躁、悲伤或是心烦意乱的时候,注意力不集中,极易导致对路面上的险情不能作出及时、准确的判断。经验证明,心态失衡已成为交通事故的一大诱因。

"这日子你还过不过,要不过咱俩就离婚算了!""离就离,我还怕你不成!"随着"啪"的一声摔门声,华师傅手里紧攥着车钥匙,气

哼哼地从家里走了出来。熟悉他们的邻居知道,这准是老华又和媳妇吵架了。原来,华师傅自一年前从一家工厂下岗后,就开起了出租车谋生。老华的妻子在一家百货公司工作,夫妻俩每日早出晚归、辛辛苦苦,家里的一个孩子正在读高中。

华师傅的妻子是个脾气倔强、爱较真儿的人,这几天,为了一点家务事,一直和老华在怄气,闹着别扭。这天晚上,老华收车回家后,媳妇还是唠唠叨叨。老华开了一天车很累,又加上白天出车时跟别人剐了车,耽误了拉活儿,一天的份钱都没挣足,听媳妇唠叨就来了火。二人你一言,我一句,互不示弱。吵着吵着,老华一气之下摔门从家里就出来了。干什么去呢?他下楼起动了车,决定开车出去散散心,

31. 心态失衡勿驾车

顺便找个饭馆吃点饭，因为他一天了还没吃饭。此时，老华的情绪还非常激动，越想刚才家里的事儿就越生气，心里不住地犯堵。从家里出来，他一路开车瞎转，晚上11点多，当老华开车行驶到某路口时，车刚一拐过弯，忽然有两个骑自行车和两个骑小三轮车的人出现在了他面前。由于车速太快，老华躲闪不及，将四个人撞倒在地，其中一名骑车人被当场撞死，其他三人不同程度受伤。

这起事故，老华不仅支付了赔偿金，被吊销了驾驶证，而且还被判处有期徒刑两年。

下边这起事故也比较典型，肇事驾驶人是李某的妻子。两年前，李某和几个朋友共同出钱开了一家饭馆，李某的妻子在饭馆里当财务，日常有十几个伙计照应着，生意一天比一天做得好。但是，平日里李某和妻子因家务事，总少不了拌嘴吵架。这天晚上9点多，二人又吵起来了。李某的妻子一气之下，开车就走了。待了一会儿，李某从厕所回来，发现妻子不见了，就问别人她去哪了？旁人说，刚开车走，奔东五环去了。李某不放心，连忙开车去追妻子，他一边开车顺北京的东五环由北往南追着，一边给妻子打电话，但妻子就是不接。妻子越不接电话，他就越不放心，加大了油门向南追去。而此时，李某的妻子正开着车怄气，向南疾驶着。回想起这几天发生的事，她越想越生气。手机响过多少次，她就是不接。五环路作为北京道路的一条主干线，一到晚上车流量相当大，特别是一些外地大货车比较多。当他的妻子开车由北往南高速行驶至某桥时，前方出现一辆外地拉煤的大货车，由于车大又重，行驶得比较慢。他的妻子由于精神不集中，判断失误，所驾驶的车辆在急驶中一头撞到大货车尾部，她当场身亡。10分钟后，当李某开车追到这一地点时，见到的是一副车毁人亡的惨景。

"患生于忿愤，祸起于纤微"。这两起事故告诫我们：在心态失衡时驾驶车辆，容易出现注意力不集中、走神现象，因此驾驶车辆时要尽量保持一个良好的心态。当生活中遇有矛盾、心烦意乱或不顺心的时候,最好不要开车,更不能把车辆作为宣泄心情的工具,否则发生事故于己、于家、于社会都不利。

夫妻共把方向盘,家庭和睦促安全。
出车之前心要静,怄气开车实在悬。
一旦车祸出人命,叫天不应挽回难。

32 斗气又能斗出什么!

俗话说:"忍一时风平浪静,退一步海阔天空。"这句话主要强调的是人的心态,在遇有不顺心的事儿时,要冷静三思,不能凭一时之勇而做出傻事来。作为驾驶人更应该做到这一点,因为机动车作为一种高速行驶的交通工具,危险随时伴随着你,所以在行进中容不得驾驶人有半点的差错。如果不能够保持一种良好的心态,与他人逞强、斗气,不仅有碍公共安全,到头来既会害人也会害己。

"就是这人打的我。"某晚8点多,当新街口派出所民警到达某立交桥东南角时,看到一辆墨绿色的奥拓车和一辆银灰色的宝来车停在立交桥与环路的交叉口,一名中年男子正捂着鼻子,手指间还流着血。原来,驾驶奥拓车的刘某想从立交桥奔北,开着银色宝来的徐某想绕过立交桥往西上环路,两人开到了一个交叉点互不相让。两个人先是摇下窗户破口大骂,情绪非常激动。接着,一场口角之争慢慢演变成打斗,双方都动了手,在打架的过程中,徐某被刘某一拳打得鼻梁骨折,构成轻伤。

"谁想到就因为开车会遭这么大的罪啊?"徐某一副惊魂未定的样子。刘某也唉声叹气地说:"真不值啊,当时要能忍一忍至于到现在这地步吗?"

前不久,在《检察日报》上刊登了一条题为《悲剧在飞驰的车轮下发生》的报道,一名汽车驾驶人因和保安发生矛盾,结果将一对无辜夫妇双双撞死。这件事,也是一个比较典型的因驾驶人不能控制心态,而导致重大交通事故发生的案例。

事件的经过是：某晚9时，赵某在青岛市一酒店就餐结束后，因停车问题与酒店保安秦某发生口角，并动手将对方面部打伤，当秦某站在赵某驾驶的汽车前，试图阻止她离开时，赵某发动了汽车，伴随着发动机的轰鸣声、轮胎与地面的摩擦声，小汽车将保安顶起后，摇摆着继续向前飞驰，途中又将等待过马路的周某夫妇撞出十几米远。此时的汽车不但没有减速，反而加速前行，直到在数百米外与另一辆汽车发生追尾后才停了下来。事故造成周某夫妇死亡。

事后，赵某因涉嫌以危险方法危害公共安全罪，被青岛市检察院依法向该市中级人民法院提起公诉。在青岛市中级人民法院审理此案当天，可容纳300多人的审判大厅座无虚席，许多市民是站着听完整个庭审过程的。年逾七旬的刘大爷早上7点就出了门，搭乘出租车穿越了大半个青岛城赶到法院。他在排队等待进入审判庭时说："我跟当事人非亲非故，我来就是为了看看正义是怎样得到伸张的。"

法庭上的赵某很憔悴，看得出，几个月来巨大的心理压力和沉重的负罪感让她心力交瘁。整个庭审过程中她始终低着头，说话的声音微微发抖。对于撞死周某夫妇的事实，十几份证人证言从不同角度证实了事发现场的惨烈。面对检察官的询问，赵某承认当时只顾把保安甩下车，根本就没有注意路面情况。在法庭陈述时，赵某泣不成声，她为自己因一时的冲动，导致一对年轻夫妇的死亡而深深自责，她表示将长期地、不断地在自己能力范围之内，帮助被害者家属。最后，赵某被判刑入狱。

《中华人民共和国道路交通安全法》第二十二条明确规定："机动车驾驶人应当遵守道路交通安全法律、法规的规定，按照操作规范安全驾驶、文明驾驶。"这是每一名驾驶人都应当自觉遵守的安全行车准则。以上两起案例的驾驶人，无不是在行车中因为一点小小的摩擦，而导致矛盾的加剧。

32. 斗气又能斗出什么！

目前，许多大城市的道路经常发生交通拥堵，有很多都是人为因素造成的。有时候，两辆车"蹭"了一下，甚至连漆皮都没有碰掉一块，但两个驾驶人却在那里争论不休，造成道路通行不畅。还有，在通畅的路面上，时不时看到"飞车"、"飙车"的情景，你超我、我"别"你，造成正常行驶的车辆受到严重影响，有的甚至引发交通事故。交通安全关系到千家万户的幸福，开车跟做人一样，多一些宽容，多一些体谅，可以使一切不理智和冲动烟消云散。

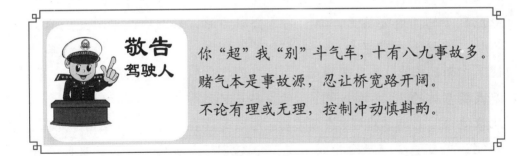

敬告驾驶人

你"超"我"别"斗气车，十有八九事故多。

赌气本是事故源，忍让桥宽路开阔。

不论有理或无理，控制冲动慎斟酌。

33 谦和礼让路路通

　　交通道德是展示国民素质的一个窗口，是衡量一座城市文明程度的重要标志，有人形象地将其称为城市管理的"名片"。当前有些交通参与者的法治意识、道德观念还有待提高，特别是处于强势地位的机动车驾驶人，视道路交通安全法律法规如儿戏、加塞儿、抢行、斗气等各种违法及不文明的驾驶行为大量存在，扰乱了正常的交通秩序。创造和谐社会、打造畅通有序的交通环境，应是每名交通参与者的责任和义务。

　　几年前，笔者随团前往欧洲考察，深切感受到了一些发达国家驾驶人在驾驶文化方面的优秀表现。有一次，我们乘车行驶在去往德国慕尼黑市的高速公路上。由于高速公路临时大修改线，单向变成双向行驶，驾驶人没有留意，结果走上了逆行线，到了半途，我们的车挡住了对面的来车。如果不躲开，全线交通将受阻。给我们开车的驾驶人，是我国东北的26岁的小青年，他在德国已工作生活了6年时间，见到此状他顿时感到很难堪，左顾右盼，意思是想办法让一下，但由于路窄，右侧的车都一辆一辆地排成长龙，根本没有办法让。这时在我们右侧的车队里，一辆大货车驾驶人主动把自己的车向前移了几米，后面的一对德国老夫妇又主动倒了几米，给我们的车让了一个位子，让我们的车开到了车队里。这件事都是人家主动做的，很感人，充分体现了人与人之间的谦和与礼让。

　　当我们的车进入车队安全位置后，我不禁回头看了看后面开车的

33. 谦和礼让路路通

老太太，她和周围的驾驶人一样，似乎什么都没有发生过一样，依旧保持那种自然、平和的表情。这时，我们全车人都很尴尬，认识到什么是真正的高素质，认识到我们与发达国家驾驶人的驾驶素质还有一定差距。这样的事情要是发生在国内，情况又会怎么样呢？"你不排队！"，"你加塞儿！"，"没门！非把你别进沟里去不可！"此时，我不禁想起了一年前，发生在北京的一起因开车斗气驾驶人互殴，其中一方将对方刺死的事情。

某日凌晨1时许，小杨陪老板张某到北京海淀区某夜总会喝完酒后，驾驶一辆本田小汽车准备离开时，遇到一辆挡道的宝马车，小杨就鸣笛示意宝马车退让一下，自己好驾车通过。在两车交会的一瞬间，小杨无意中向对方看了一眼，谁知这一眼，竟然成为一个致命的导火索。当小杨的车行驶至某路口左转时，那辆宝马车追上来，故意"别"了他们车一下，小杨被迫减速。又往前行驶了200多米，宝马车又追了上来，将小杨的车逼停到了路边。等了一会儿，宝马车似乎没有要离开的意思，小杨打开车门下车，问对方是否准备离开。这时，宝马车副驾驶位置的车门打开，一个姓吴的男子站在车边骂小杨，两人争吵起来。宝马车的驾驶人和另一个男子也下来。吴某一拳打到小杨的嘴上，小杨踢了他的腹部，几人随即扭打起来。小杨的老板张某刚一下车，就被吴某一拳打倒在地。小杨一看老板被打伤，一下就火了，从裤兜儿中抽出折叠刀，直奔对方刺去。打了大约几分钟，对方三人受伤，小杨就和老板张某驾车离开。在经过一处河边时，小杨将刀丢弃在河边。

谁知，被小杨刺伤的这三人中，有两人伤势较重，其中吴某几日后经抢救无效死亡。随后，小杨被公安机关抓获归案。法院一审以故意伤害罪判处小杨死刑，缓期两年执行，剥夺政治权利终身。庭审过后，小杨的父亲满脸泪水地说道："我的孩子年轻气盛，容易冲动，可是那几个财大气粗的老板，都是四五十岁的人了，怎么也会为了点小事没完没了的'较劲儿'呢！"

"好胜者必败，恃壮者易疾"。看了上面这一正一反两个例子，相信每个人都会颇有感触。在行车中保持一种谦和礼让的行车心态，往往不是吃亏，而会于人于己有益，从而能营造一种路路畅通的安全行车氛围；反之，违反法律法规任意驾驶、放任自由野蛮驾驶、自私自利缺乏公德、肇事逃逸遗弃伤者等恶劣的交通行为，不仅自己不能得到方便，还会威胁到自己和他人的生命安全，这样的行为不但要受到社会舆论的谴责，也定会受到法律的严厉惩处。

礼让让出安全和文明

谦和礼让路路通，野蛮驾驶事故生。
为慰一时好胜心，留得悔恨伴终身。
劝君行车心平和，和谐交通记心中。

34 行至人行横道"让"为先

人们习惯将人行横道线称为"斑马线",它是包括少年儿童在内的所有交通参与者都熟悉、明确的一种保护行人横过道路的交通安全标线。行人在人行横道内横过道路具有绝对的路权,即优先权。所有车辆在行经人行横道时,如遇行人在人行横道内行走,则必须要停车避让。行人也只有在人行横道内行走,安全才会得到保障。因而人行横道又被人们比喻为行人的"生命线"。

然而,安全是相对的。假设机动车驾驶人在通过人行横道时没有避让意识,不注意观察情况,而是总想快点抢过去,那么,致人伤亡的事故将可能随时发生。

一天晚上8点左右,已是70多岁高龄的老两口范某和张某,吃过晚饭后,从家里出来散步,老两口不知不觉走到了某路口。当老两口欲从路口东南角的人行横道由东向西过马路时,老范说:"咱们等等吧,等车都停稳了再过。"老伴说:"不用等了,我天天都从这里走着去买菜,只要走人行横道,什么车看见咱们也得让咱们先过去,再说这会儿也没什么车过来,走吧,没事。"然而,他们哪里想到,一场厄运正等待着他们。

杨某拿到驾驶证还不到3个月时间,这天他驾驶着自己刚刚买来的奥拓车办完事后由南向北通过这路口,当他临近人行横道时,由于没有观察到两位老人过马路,奥拓车一下子将两位老人撞倒,范某当即不省人事,送往医院后不治身亡,而老伴张某当场死亡。当交警问杨某出事的经过时，他愣是回忆不出来，只会说："太突然了，太突然了。"经现场勘察，交警判断出杨某的车是在先撞到人之后才踩的

刹车，也就是说，事发前，杨某根本就没采取制动措施。事后，杨某因未避让人行横道内的行人被公安机关判负这起事故的全部责任，被吊销驾驶证，还支付了赔偿金，并被判处有期徒刑三年。

一天早晨6点多，在北京北三环某立交桥东侧由东向西辅路进主路的入口处，"嘭"的一声巨响后，随之传来了尖锐的汽车急刹车声。人们驻足望去，一幕惨剧展现在面前。一名在人行横道上行走的中学生被一辆白色的依维柯旅行车撞出后又被碾轧在车轮下，鲜血顿时喷溅在路面上，中学生当场死亡。

这名中学生叫小松，当时17岁，是北京某重点高中高三年级的学生，学习成绩非常优秀。事后，他的班主任对交警说："小松在上小学的时候就连年是'三好学生'。初中毕业后，又以优异的成绩被保送到这所市重点高中来。今年高考，小松肯定能考上清华。没想到出了这事，真是太可惜了。"

小松是家里的独苗，由于早产，一出生体质就很弱，在"氧箱"里呆了相当长一段时间，夫妇俩倾尽全力才得以保住这个小生命。小松一天天长大，全家人对他可谓是"放在手里怕掉了，含在嘴里怕化了"。小松也是讨人喜爱，懂事乖巧常常哄得全家人喜笑颜开。上学后更是争气，学习从来不用大人操心，也从来不在外面惹是生非。他在小区里是个出了名的好孩子，周围的邻居都说这孩子老实仁义，特别听大人话，平时见了谁都主动打招呼，很有礼貌。小松每天早晨不到6点钟起床，吃完妈妈做好的早点后，爸爸骑上自行车带着他驶出小区到北三环辅路，然后小松由北向南从人行横道穿过辅路，到路对面坐公交

34. 行至人行横道"让"为先

车去学校，爸爸总是嘱咐小松过马路一定要走人行横道，每次都是看着小松从人行横道过了马路后才骑车去上班的。天天如此，从未间断过。恰巧事发当天小松的爸爸生病，早晨没起来，是妈妈用自行车送的他，送到辅路后妈妈说你先过去吧，我去买份晨报，谁知这竟成了母子俩的诀别。

小松被撞时他的母亲就在现场，只是隔了一段距离，当时她还不知道被撞的就是自己的儿子。妈妈先是听到周围有人说那边撞人了，并没在意什么，接着又有人说可能撞了一名学生，她这才感到有些不对劲儿，加上撞人的方向正好是儿子过马路的位置，就赶紧跑了过去。当看到地面上的书包时，她心里"咯噔"一下，再向前走，看到白色的旅行车下面压着一个人，俯身一瞧，正是自己的儿子，她当即昏了过去。此时有认识小松的邻居已经与孩子的爸爸取得了联系。爸爸不顾重病的身躯，一路跑着来到了现场。妈妈清醒过来后扑到小松的尸体上撕心裂肺地哭喊着"这是杀人，这是杀人呀……"再次昏过去。爸爸跪在医生面前恳求救救自己孩子一命，尽管医生告诉他孩子已经死亡了，可他说什么也不相信，语无伦次地说着："怎么可能死了呢，这怎么可能呢，刚才还在家跟我说让我多注意身体呢，怎么这一会儿人就没了呢，不可能，不可能，求求你们再救救孩子吧，他不能死呀，他死了我们家就完了……"此情此景令在场的人无不痛心唏嘘，纷纷谴责肇事者。

事后经调查，肇事驾驶人张某，学会开车还不到半年时间。这起事故的发生完全是他麻痹大意、没有避让行人所致。张某事后被判处有期徒刑三年。

张某的过失给小松的家庭带来了深重的灾难。小松的奶奶闻讯后生命垂危，父亲卧床不起，母亲一下子精神失常，在相当长的时间里坚决不让火化尸体，并每天仍按时给小松做早点，然后拿着早点到小松出事的地方，在路边摆好，之后烧纸，口中念叨着："松，妈妈给你做好早点了,都是你爱吃的,多吃点,妈妈对不起你。"

客观地讲,每年发生在人行横道内的交通事故不在少数,那么为什么这条行人的"生命线"就不能够保证行人通行的绝对安全呢?通过对以上两起案件的分析,我们是可以找到答案的,那就是车辆在行至人行横道时没有及时采取避让的措施。

《中华人民共和国道路交通安全法》第四十七条规定:"机动车行经人行横道时,应当减速行驶;遇行人正在通过人行横道,应当停车让行。"

血的教训告诫广大机动车驾驶人:

(1)通过有交通信号灯控制的人行横道,一定要遵守信号灯行驶,且不可抢红灯,即便在绿灯通过时,也要控好车速,注意观察,防止发生意外。

(2)通过没有交通信号灯控制的人行横道时,首先将车速降下来,然后右脚备在制动踏板上,控制好车速,随时做好制动停车进行避险的准备。总之切莫大意,更不能存有侥幸心理而抢行。

人行横道是座山,车行其前让为先。
人行横道是条河,车行其中莫争前。
斑马线内相礼让,行人车辆保安全。

35 没上保险,出事就"抓瞎"

随着经济的迅猛发展,我国机动车保有量逐年上升,道路交通事故也随之进入高发期。交通事故不但给人们的人身安全带来极大威胁,而且因事故引发的财产赔偿问题,也给人们的生活带来了沉重的负担。当发生交通事故后,如果仅仅依靠个人的经济能力,相当一部分机动车驾驶人无法承担高额的赔偿费用。因此,给车辆上保险是解决交通事故赔偿难题的一个有效途径。

朱某已经年近50岁了,是北京市某郊区的一名无业人员。90年代初,随着城市化建设进程的加快,他所居住的村子,土地全部被开发征用了,他一家五口也由农业户口变成了城镇户口。当时,有两个选择,一是由政府给安排工作,二是自己找工作,政府一次性给每人3万块钱补偿金。在那个时候,3万块钱有很大的诱惑力,加上当时银行的利息高,当个"息爷"也能养家。朱某一家兄弟三人拿了9万块钱。可是随着时间的推移,钱是花一分少一分,加上银行的利息大幅下调,物价涨得也比较厉害,几万块钱很快就要花没了。这可怎么办?朱家哥仨商量,买个二手"面的",平日里就靠拉"活儿"养家糊口了。因为日子不宽裕,再加上养车的开销也比较大,到了买车后的第二年,朱某干脆连"面的"的保险也不上了。心想:"我慢点开,不出事就行了。"可没想到,没过两个月就发生了一起撞人的交通事故。

这天早上7点多,朱某像往常一样在大街上"扫活儿"。在由东向西通过一条人行横道时,一走神儿,将由北向南横过马路的刘女士

远离车祸50招 ── 一位老交警的忠告

撞伤,经医院检查,刘女士的盆骨和大腿骨粉碎性骨折。

说来,刘女士的家境也是够苦的。刘女士42岁,两年前和丈夫离异,带着一个10岁的女儿生活。这年春,又刚和一名姓赵的先生结了婚。赵先生也是一个离异的,比她大8岁,身边带着一个15岁的儿子。两个离异家庭的重新组合,使他们对生活重新燃起了希望。赵先生是个普通工人,刘女士没有工作,家庭微薄的收入供养两个孩子上学很困难。二人商议,把赵先生居住的两居室租出去,四口人挤住在刘女士的两间平房里,用租房的差价供孩子读书。后来,刘女士托人找了一份售票员的工作。出事当天,正是刘女士第一天上班的日子。结果人还没到单位,路上就出了车祸。虽说是捡了条命,但是双下肢留下严重残疾,已经失去了正常生活的能力。

出事后,朱某因为车辆没有保险而犯了难。经法医鉴定,刘女士符合伤残标准,医疗费、伤残补助金等各项赔偿费用加在一起就得十几万元。这个数目,对于家境并不富裕的朱某来说,真是无法承担。为了赔钱,朱某先变卖了那辆"面的",加上家里的一点积蓄,手头才凑了2万多块钱。接着,又向街坊邻居东借西借,还是没凑齐,最后也只能拿出3万多块。为了交赔偿款,朱某找了一份临时工,每天早出晚归、省吃俭用,每个月的收入,除了过日子的急需外,要留出三分之一用来赔钱。街坊邻居开玩笑地说:"你现在就是个扛'长活'的了,扛到什么时候才是个头儿啊!""嗨,这都是我自个儿找的,我要是给车上了保险,何至于着这个急呢。再说,我把人撞了,人家还在床上躺着呢,我再不把钱赔上,也说不过去啊。"朱某无奈地说道。

而此时,卧床不起的刘女士,因为家境本身就十分窘迫,加上自己又突然间成了一个"废人",变成全家人的累赘,赔偿金又拿不到手,从而渐渐地对生活失去了信心。一天下午,她偷偷从床底下找到了一瓶敌敌畏,慢慢拧开瓶盖儿喝了下去。所幸的是,在她喝下后不久,丈夫正巧外出回来,他一把抱起已经失去知觉的妻子就往医院赶,

35. 没上保险，出事就"抓瞎"

经过医护人员的奋力抢救，刘女士才保住了性命……

因为没有给车辆购买保险，造成受害者得不到事故赔偿金而万念俱灰，肇事者自身也陷入了无力赔付的困境，这个教训是非常深刻的。

因此，警示广大驾驶人，一定要严格落实《中华人民共和国道路交通安全法》第十七条关于"国家实行机动车第三者责任强制保险制度"的规定，积极投保，不要抱有侥幸心理，错误地认为"我不出车祸不就没事吗"，殊不知，一旦真的出了事故，你将后悔莫及。

车辆投保益处大，和谐交通要靠它。
侥幸难避行车祸，出了事故就"抓瞎"。
安全行车是根本，生活无忧笑哈哈。

36
跑——永远得不到解脱

万一发生了交通事故怎么办？按照国家有关法律法规，事故当事人切不可抱有侥幸心理和畏惧心理而逃逸，应立即停车抢救受害者和财产，保护现场，及时向当地公安交通管理部门报案，等候处理。但在日常生活中，仍有个别驾驶人，发生交通事故后不顾受害者的死活，在众目睽睽之下或在夜幕掩护之中，逃之夭夭，一走了之。这种行为，不仅是错上加错、罪加一等，而且最终逃脱不了公安交通管理部门的追踪、侦破。俗话说"逃得了初一，逃不过十五。"

一天晚上10点，深秋裹着寒意，已是许多人正要入睡的时候。此时北京的朝阳北路也不再像白天那样车水马龙，变得有些沉静。小孙骑着他的两轮摩托车在这条日渐熟悉的马路上默默前行。刚满24岁的小孙是家中的长子，为了供弟弟上学，他从天津老家来北京打工已经有一个月的时间了，想着再过两天，自己的第一笔工资就要到手，自己也能为家里帮上一把，他的心里美滋滋的。然而，一场厄运正向他无情地袭来。晚上10点10分，当他在朝阳北路某人行横道处过马路时，突然，一辆小汽车从他的左侧飞速驶来，还没等小孙反应过来，"咣"的一声巨响！巨大的撞击力就将他连人带车挑起来，抛出几十米远后，小孙重重地摔到地上，整个人都浸在血泊里动弹不得。撞人的红色宝马非但没停车，反而加速消失在茫茫的夜色之中。5个小时后，在医院的抢救室里小孙的心脏停止了跳动。

在接到事故报警后，交警很快就赶到了现场。根据事故现场散落

36. 跑——永远得不到解脱

的微量物证，交警调取了全市400余辆红色宝马车的档案资料，并通过技术鉴定，将车型准确定位为红色老款宝马车，将车辆调查的范围由400余辆减少到40余辆。

同时，公安交通管理部门借助媒体广泛向社会知情者及相关修理厂、修车门市征集线索，布下天罗地网。很快就有群众举报，说案发次日有一辆黑色号牌的红宝马车来过西郊汽配城，而且车前挡风玻璃有损坏现象。得此情况后，交警迅速来到这家修理厂，了解到有一辆车号为"京A·×××××"黑色号牌的红色老款宝马车在此修理过，来修车的是两个年轻人，他们要求立即更换前挡风玻璃、保险杠。据修理人员反映，那辆宝马车前保险杠坏了，右前侧漆皮脱落，前挡风玻璃破裂。"当时车主说是追了大车尾部，修完后他们急忙将车取走了。"随后，交警在修理车间的废品堆里找到了被撤换下来的前挡风玻璃，以及有着撞击痕迹的前保险杠。经确认，所修车与事故现场肇事的那辆宝马车的受损部位大致一样，且这辆车又是案发次日早上送修的，时间也大体吻合。为了弄清所修车辆是否就是肇事车，交警再次走访宝马公司专业技术人员。经科学检测认定，所修车辆为宝马车老款5系，与肇事车型一致，而且，挡风玻璃上的残留物质是摩托车上的油料，摩托车上的残留物质是宝马车上的漆，属同种物质，由此确认，该车就是肇事车辆。

就在这时，又有群众举报，反映朝阳某小区原来有一辆红宝马车经常出入，近些日子再也没见到这辆车。警觉的办案民警没有放过这一条线索，经过细致的排查，发现该小区内一名张姓男子的名下有一辆红色宝马车，而且车型与肇事车型一致。但是这辆车为何会突然消失呢？为了解开这一谜团，办案民警决定正面接触车主。在对50岁的车主张某进行询问时，张某说在这起事故发生前20天，就已经将车卖给了一个陌生人，既没有联系方式也没有过户手续。为何偏偏在事故发生前20天突然将车卖掉呢？为何卖车时连一个简单的凭证都没留下呢？张某的话到底是真是假？在没有找到买车人的情况下，一切都无从考证。然而一切都有可能。民警根据经验推断：宝马车很显眼，即使他说卖了，周围的老百姓肯定有知道的。于是民警开展了对嫌疑人居住地周边群众的调查取证工作。据群众反映，在案发日之前，张某一直开着宝马车，案发日后，那辆车就再也没在小区出现过，种种迹象表明张某在说谎。为了弄清肇事者到底是谁，民警们在西郊汽配城里找到了案发次日一大早送修宝马车的一段监控录像，录像显示出两个年轻的小伙子和一辆红色宝马车。专案组经过分析认为，既然张某的宝马车具有重大嫌疑，那么去修理厂修车的人一定是与张某关系非常亲近的人员。

民警们根据掌握的情况，了解到张某有一个24岁的儿子小名叫彪子，在几名目击群众对彪子的照片进行辨认后，确认了送修人就是彪子。经过几天几夜的辛苦蹲守，彪子在距离案发现场四公里的地点被民警抓获。经过艰苦的问讯，彪子在大量证据面前，终于交代了他开车肇事逃逸并毁灭证据的全部过程。后来，警方南下广州，在佛山市南海区路边无人看管的停车场里找到了那辆肇事的宝马车，车辆的颜色已由原来的红色变成了白色，并用"沪A"字打头的车牌将车辆伪装起来。同时，在车上查出曾经使用过的"京A·×××××"的黑色号牌，还有一张九江一家修理厂的车辆维修结算清单，上面清楚地印着送修时间和接车时间，至此案件告破。肇事者彪子不仅向死者家属支付了巨额的经济赔偿，而且被判刑入狱。

"跑的日子实在是活受罪，我自首来了，您把我快点抓起来吧！"这是交通肇事驾驶人辉子在经历了近两年的逃亡生涯后，来到公安交通管理部门投案自首时说的第一句话。一天，一辆东风130货车在朝阳区楼梓庄路口右转弯时，将一辆行驶的自行车刮倒，坐在自行车后座6岁的小男孩被当场轧死，骑车的大人被轧伤。事故发生后，公安交通管理部

36. 跑——永远得不到解脱

门办案人员以最快的时间赶到现场，现场仅有一辆被轧坏的自行车，肇事者已经驾车逃逸。交管部门经过侦查，很快将目标锁定在了某村村民辉子身上，但当民警找到辉子家的时候，辉子已经弃家而走、逃之夭夭。此后，公安机关组织专门警力，在辉子可能藏匿的几个落脚点进行了多次寻找，同时将辉子的身份信息在全国公安网上通缉，布下天罗地网寻找这名交通肇事嫌疑人。

辉子自发生事故那一刻起，就没过上一天踏实日子。当时，他开车跑回家后，急急忙忙向媳妇要了400多块钱，告诉媳妇："我有事，得出去一段时间，以后再给你打电话联系。"说完，头也不回就出家门了。从此，辉子走上了逃亡生涯。他先是坐火车直奔山东，在一个小县城里转悠了半个月，一看见穿警服的就躲着走，一见到警车就心里发颤。钱花光了之后，被迫到一个河套的沙石场里筛沙子，每天沙场只管三顿饭，工钱少得可怜。干了3个月之后，一来太累，二来心里不踏实，怕被抓到，又逃到了山西，在一个煤矿干起了挖煤的差事。每天挖煤没早没晚的，经常吃不饱、吃不好，老板还时常扣工钱。思前想后，他觉得逃亡的日子实在不是人过的，心想："监狱的饭还管饱呢，再者，监狱里没有瓦斯，也不会塌方，再这么下去，早晚非得把命也搭上不可。"于是，在一天晚上，他避开煤矿监工，偷着跑了出来，回家后到公安机关投了案。事故发生之后，死者小男孩的亲人难以接受这个惨痛的事实，悲痛欲绝。他的爷爷、父亲整天郁郁寡欢，身体日渐消瘦，隔三差五就到交警队询问肇事者抓到没有，孩子爷爷发下重誓："不抓到害死我孙子的凶手，就绝不剃头。"此案告破后，当公安交管部门把消息告诉死者的家属时，死者小男孩的父亲、爷爷才把蓄了一年多的长发剪掉。

在此，更要着重提示驾驶人的是，一旦发生交通事故，非但不能逃逸，更不能冒傻气，做出错上加错、罪上加罪的事；否则其结果只能是受到法律更加严厉的惩处。

远离车祸50招 —— 一位老交警的忠告

2010年10月20日23时许,西安音乐学院大三学生药家鑫驾驶红色雪弗兰小汽车外出途中,撞上同方向骑电动车的一名女子,药家鑫下车查看后,发现被撞的女子倒地呻吟,因怕这名女子看到其车牌号,以后找麻烦,便产生杀人灭口的恶念,遂从随身携带的书包中取出一把尖刀,上前对倒地的女子连捅数刀,致使被撞伤的女子当场死亡。杀人后药家鑫驾车逃离现场。

2011年4月22日,西安市中级人民法院一审宣判,药家鑫犯故意杀人罪被判处死刑,剥夺政治权利终身。后药家鑫不服判决提出上诉,经陕西省高级人民法院终审,驳回上诉,维持原判。最终经最高人民法院核准,药家鑫于2011年6月被执行死刑。

事实证明,发生事故后逃逸,是最愚蠢、最无知的行为。《中华人民共和国道路交通安全法》第七十条明文规定:"在道路上发生交通事故,车辆驾驶人应当立即停车,保护现场;造成人身伤亡的,车辆驾驶人应当立即抢救受伤人员,并迅速报告执勤的交通警察或者公安机关交通管理部门。……"

敬告驾驶人
出了事故不要逃,迅速报警是正招儿。
抢救伤者不怠慢,现场保护要全面。
等待警察来处理,于人于己都有利。

37

"望闻问切"防爆胎

像一个骑手对自己的战马一样,驾驶人要对自己的车辆十分熟悉并百倍精心地呵护。例如,对车辆的轮胎、灯光、刹车、喇叭等要做到了如指掌,以增加行车安全系数。尤其是在借开他人车辆时,这点更为重要。不然的话,一个小小的失误,随时都可能导致一场大的车祸。

夏季的一天,某单位组织10多名员工到新疆旅游。这个单位在新疆有一个已合作了十几年的生意伙伴负责全程接待。当得知北京客人即将到来的消息后,该单位非常重视,特别抽调了一位经理和一名专职驾驶人全程陪伴。因为自己单位的车辆都比较旧,他们还特意从别的单位借来一辆刚上牌还不足半年的丰田中型面包车。在6天的行程中,旅游团全体成员乘坐这辆丰田车,由乌鲁木齐出发,先后游览了吐鲁番、喀纳斯等10余处名胜景点。大家对广袤的新疆大地、秀美的边疆风景留下了深刻的印象,整个旅途非常愉快。

转眼到了第7天,旅游团一大早就按照原定计划乘车返回乌鲁木齐,然后准备乘飞机返京。下午14时许,车在去往乌鲁木齐的高速公路上快速行驶着,经过几天的游玩,大家的兴致不减,在车上兴趣盎然地交流着旅途见闻。突然,随着一声爆响,车的右前轮胎爆裂了,瞬间,汽车像脱缰的野马般失去控制,在侧滑中翻滚了起来……

刚才车上还是一片欢声笑语,转眼间当地单位的陪同领导、驾驶人和北京的一名客人便离开了人世,其余9人伤情不同,有骨折的、有头皮撕裂的、有内脏损伤的,全部住进了医院。发生事故后,车辆所属单位的驾驶人后悔地说:"嗨,应当打个电话,向接车的人交代一下,告诉他这辆车的右前轮胎扎过就好了。"原来,这辆丰田面包车一个月前出车途中右前轮胎被扎过。当时驾驶人没太在意,只是把轮胎做了简单的修补后继续使用。车辆外借时,驾驶人当时又不在场,他本来有心想给接车的驾驶人打个电话,告诉他慢点开,注意右侧的轮胎。后来因为忙把这事给忘了。

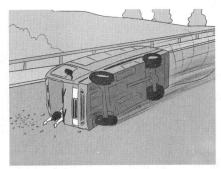

下面,也是因为轮胎出现问题导致的。小军是一个梦想靠运输致富的人。他贷款买了一辆重型厢式货车,满载着致富的梦想,不辞辛苦,每天早出晚归,连续开车的时间都在十几个小时,仅两年的时间就差不多还完了贷款,很快进入了收益期。在小军看来,钱挣再多都嫌少,但花一分都嫌多。眼看着存款的数目一天一天在增长,但由于汽车每天都处于超负荷行驶状态,渐渐出现了这样或那样的毛病。小军因为怕花钱,就时常找些路边的小修理铺给拾掇一下,基本上能够凑合着开就行。有一次,一个修理工告诉他,车的轮胎花纹已经磨损得太严重,应该换新的了。(像这种重载车的轮胎应当6万公里就该换新的,但小军的车已经行驶了8万公里仍旧没有换过轮胎,已经远远超出了正常范围。)小军却没领人家这份情,认为这些修

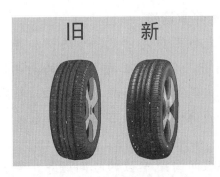

37. "望闻问切"防爆胎

车工肯定是想赚他的钱。就这样,"修修补补"下来,车子又连续跑了三个月。

一天凌晨,小军拉着满满一车水产品往北京送货,当车行驶到京沈高速公路进京方向北京段时意想不到的事情发生了,大货车的左前轮轮胎突然爆裂,车辆顿时失控,右前部直接撞在了应急车道内停放的一辆重型半挂牵引车的尾部,造成小军心爱的车严重损坏,随车的装卸工右腿骨折。事故的车损、人伤,再加上送货的违约金,使他至少一年都白干。事后,小军非常后悔,为了省一点小钱,没有及时更换陈旧的轮胎,造成了巨大的损失,真是得不偿失啊。

这两起事故留给众多驾驶人的深刻教训是:车辆的安全状况是大事,容不得一丁点的马虎。这一点,在《中华人民共和国道路交通安全法》第二十一条中有明确的规定:"驾驶人驾驶机动车上道路行驶前,应当对机动车的安全技术性能进行认真检查;不得驾驶安全设施不全或者机件不符合技术标准等具有安全隐患的机动车。"特别是车辆轮胎,不仅属于易损耗品,它还是保证车辆安全的重要部件,一旦轮胎发生爆裂,造成的交通事故往往是车毁人亡。所以,在出车前,对轮胎的例行检查、维护就显得更加重要。在此,我们可以借用中医理论中"望、闻、问、切"的诊疗方法(即:"望"指观气色,"闻"指听气息,"问"指询症状,"切"指把脉象),来有效预防高速行车中爆胎事故的发生。

"望"——用目测的方法,经常检查车辆轮胎花纹的磨损程度,一旦花纹磨损严重或有严重的伤痕后,要及时更换,切不可为了小利而招来大祸,做出一些得不偿失的事情。应当讲,在日常生活中,有许多驾驶人不注意这种情况,有的车辆,特别是大货车,轮胎花纹都磨平了,还照开不误,这种情况相当危险,不能只为利益而忽视生命。

"闻"——在车辆行驶中,尤其是在长途运输中,驾驶人要适时停车检查,一是调整一下身体的疲劳状况;二是检查一下轮胎,闻一闻轮胎轮毂有没有焦煳的味道,因为车辆在长时间行驶中,刹车片和轮毂的摩擦极易过热,出现故障,在以往高速公路大货车自燃的事故中,有许多是因为轮胎轮毂过热而导致整部车被烧掉。

"问"——在借开他人车辆时,应主动向车主了解清楚车况,特别是轮胎是否受过伤、是否补过胎,前面说的新疆这起事故,就是一个典型的案例。

"切"——在驾车行驶过程中,要高度警觉,随时注意发现的异常情况。行车中,一旦出现车身倾斜、控制不灵便,应首先想到是否是轮胎漏气,此时应立即缓缓减速、靠边停车,切忌急刹车;如果出现后轮轮胎爆裂、车尾摇摆,应紧握方向盘,缓行靠边停车;如果是

37. "望闻问切"防爆胎

前轮轮胎爆裂，方向盘一时很难控制，在车辆未倾翻时，应立即松开油门，不要冒险急踩刹车。

敬告驾驶人

轮胎状态常关注，不可超限修又补。
一防花纹磨损重，二防轮胎硬伤出。
三防轮毂焦糊味，四防轮胎气跑无。
只要措施细又细，轮胎爆裂定消除。

38 大货车右转弯暗藏"杀机"

在众多交通事故案例中,大型货运车辆(包括重型专项作业车、重型自卸货车等)右转弯肇事致人死亡的事故屡有发生,这与大型车辆在右转弯时极易形成视觉盲区和有较大内轮差有关。加之大货车右转弯所处路口又往往是自行车集中等候的区域,因此,一旦车辆右转弯发生交通事故,受害者往往是非死即伤。

一天下午4时许,芳芳放学骑自行车回家,由南向北经过某路口时,恰有一辆斯太尔牌重型自卸货车由南向东右转弯。大货车的右前部将芳芳连人带车碰倒后,车辆的右后轮从她的头部、身体上碾轧过去,芳芳当场死亡。而货车驾驶人并没有意识到自己撞人了,在向前行驶出一段距离后,才在路人的拦截下将车停住。整个事故过程被安装在信号灯上的摄像头拍摄了下来。民警在接到报警后立即驱车赶到现场。在事故调查中,民警根据死者书包内作业本提供的信息,前往芳芳上学的学校核实情况。

"芳芳的学习成绩非常好,在班上每次考试成绩总是名列前茅。她从上初一的时候就是班长,历年都被评为我们学校的'三好学生',这孩子将来肯定有出息……"张校长怀着无比惋惜的心情向民警讲述着芳芳的情况。在校长的帮助下,民警见到了芳芳的舅舅。一见面,令人感到惊讶的是,芳芳的舅舅是几年前一起交通事故的死者家属,当年的死者正是芳芳的母亲!

38.大货车右转弯暗藏"杀机"

母女双双死于交通事故的事例实属罕见,然而这种残酷的现实正好落在了这个充满苦难的家庭之中。妈妈走后,爸爸没有固定工作,爷爷奶奶体弱多病,多年以来,芳芳以其稚嫩的肩膀努力在支撑着这个家。而芳芳的离去,彻底击碎了全家人唯一的生活希望……

大货车右转弯暗藏"杀机",发生碾轧自行车的交通事故有没有办法避免呢?答案是肯定的。

首先,作为大货车驾驶人要增强安全意识,车辆行驶到路口时,对右侧的自行车注意减速避让,要充分考虑到大型车辆在右转弯时易出现视觉盲区的特点,切不可与自行车争道抢行。否则,一旦发生交通事故特别是重大交通死亡事故,是要受到法律严厉制裁的。如前边讲到的斯太尔大货车驾驶人,他不仅被吊销了驾驶证,支付了巨额赔款,还被判处三年有期徒刑。需要提示的是,目前有关部门已研发出了一种大货车右转弯语音提示装置,建议大型货车的单位或驾驶人积极加装,实践证明这种用科技手段预防事故的做法是非常有效的。

其次,提示驾驶人和骑车人要多掌握一些大货车右转弯方面的安全常识。据有关部门研究,大型货车,特别是超大型车辆,在右转弯时右前轮与右后轮之间存在较大的轨迹差。这个轨迹差一般都在60厘米左右,也就是说当大货车前轮拐过去之后,其右后轮与右前轮的行驶轨迹不是在一条弧线上。如果骑车人紧贴大货车车身前半部位置时,那么大货车在右转弯时就极易将骑车人挂倒,其右后轮可能从骑车人身上辗轧而过。因此，骑车人在通过路口时，一是要看信号灯行驶，绝不能闯红灯，人为制造安全隐患；二是在路口等灯时，切勿与左侧的右转弯大货车横向距离贴得过近，当察觉有大货车右转时，应高度警觉，宁可退后几步让一让，也不能让大货车伤害自己；三是更不能为赶时间，在信号灯未变换时，盲目推着自行车向前移动，否则会将自己置于危险境地。

大车右转藏"杀机"，喋血事故令唏嘘。
视觉盲区应警惕，减速避让谓正理。
行人也要牢牢记，右转车旁勿麻痹。

39 掉落、滚动——装载之大忌

当前，在道路运输当中，因车辆装载货物不牢固而引发的交通事故并不少见。特别是在高速公路上，机动车都处于高速行驶状态，一旦货物掉落、遗洒、滚动，造成的后果都是相当严重的，不仅伤害到一些无辜的车辆，有时也会造成驾驶人本人的伤亡。

来自河北省的赵某驾驶着自家的大货车，满载一车办公用的铁皮柜子，行驶在京沈高速公路进京的路上。前些天，赵某的哥哥在河北省香河县为北京市的一家企业订购了一大批铁皮柜子。由于时间紧、运费高，赵某的哥哥急忙签订了购货合同，并东拼西凑付上了5万多元的货款后，急匆匆地揽下了这趟"肥活儿"。去的路上相当顺利，他们还顺便帮另一个单位装运了一车货物，净赚1000多块钱。购货的过程也非常顺利，但是在装货的时候却遇到难题。由于铁皮柜子表面滑，不容易捆扎，捆扎过紧还会毁坏柜子。赵某和哥哥认为，路程近、道路平坦，不一会儿就能到达，于是简单捆绑之后就上路了。在进京的路上，哥俩儿高高兴兴的。谁想到车刚进入北京管界不久，突然发生了意外。由于货物捆扎过松，车辆在高速行驶过程中，一个铁皮柜子散落在了左侧的行车道上，赵某发现情况后立即紧急刹车，准备停车去捡拾这个柜子。这时，恰巧有一辆奥迪小汽车在左侧车道疾驶着，当奥迪车驾驶人突然发现前方货车掉下一个柜子时，急忙向右转向躲闪，此刻，又遇大货车急刹车，奥迪车的前部猛烈地撞在了大货车的尾部，造成奥迪车上一家三口全部受伤，其中驾驶人刚满两岁的孩子在事故中伤势最重,右眼几乎失明。赵某也为这起事故付出了经济代价,除了向采购方赔偿了违约金以外,又赔偿了伤者医药费达8万余元。

在京津塘高速公路进京方向曾发生过一起货车驾驶人被自己所载货物压死的交通事故。当时,李某驾驶一辆大型半挂货车由天津向北京某汽车制造厂运送造车用的卷铁。这批货是刚从韩国进口的,汽车制造厂急等着用,每个卷铁的重量在20吨左右,李某一车拉了4卷。当货车行驶到京津塘进京方向21公里处时,前方与李某同向行驶的两辆车突然发生剐蹭事故,李某随之猛踩刹车躲避。由于车辆在高速行驶中,受车辆惯性影响,捆扎卷铁的拉链绷断,4捆卷铁瞬间滚向了货车的驾驶室。结果,驾驶室一下子被压瘪了,李某当即死在了驾驶室内。

关于装载货物,道路交通安全法律法规中有着明确的规定,每个驾驶人必须遵守,特别是在长途运输又需上高速公路行驶的时候,货物的装载安全问题更为重要。根据日常经验,本文总结了装载货物"三不要"。

1. 车辆载物要规范,不要超长、超宽、超高载物。

车辆超限装载这不仅会影响驾驶人的观察视野,同时也会对道路上其他车辆、行人的正常通行造成影响,严重时甚至引发交通事故。《中华人民共和国道路交通安全法实施条例》第五十四条规定:"机动车载物……装载长度、宽度不得超出车厢,并应当遵守下列规定:(一)重型、中型载货汽车,半挂车载物,高度从

地面起不得超过4米,载运集装箱的车辆不得超过4.2米;(二)其他载货的机动车载物,高度从地面起不得超过2.5米;(三)摩托车载物,高度从地面起不得超过1.5米,长度不得超出车身0.2米。两轮摩托车载物宽度左右各不得超出车把0.15米;三轮摩托车载物宽度不得超过车身。载客汽车除车身外部的行李架和内置的行李箱外,不得载货。

39. 掉落、滚动——装载之大忌

载客汽车行李架载货，从车顶起高度不得超过 0.5 米，从地面起高度不得超过 4 米。"

2. 货物捆扎要牢固，不要造成货物遗洒、飘散。

牢固装载对行车安全十分重要，特别是拉运渣土、沙石的大型货车，一定要进行苫盖，对容易移动的物体也应当捆扎牢固，防止货物脱落、遗洒。《中华人民共和国道路交通安全法》第四十八条规定："机动车……载物的长、宽、高不得违反装载要求，不得遗洒、飘散载运物。"

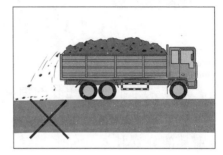

3. 重量分配要平衡，不要人货混载。

在运输过程中，驾驶人要尽量将货物摆放平整，重量不要集中偏向一边，以免在高速行驶中造成车辆重心偏离。同时，禁止人货混载，以免因货物移动挤压人员造成伤亡的事故。《中华人民共和国道路交通安全法》第五十条规定："禁止货运机动车载客。货运机动车需要附载作业人员的，应当设置保护作业人员的安全措施。"

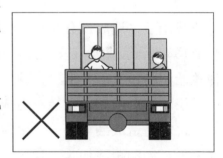

货物装载不规范，伤及无辜实可怜。
心中切记"三不要"，牢固平衡不超宽。
超高超长不允许，谨防滚落保安全。

40 超载行车隐患无穷

近年来车辆违法超载的情况比较普遍，随之而来造成的交通事故也日益增多。造成这种情况的一个主要原因就是部分车辆运输单位，特别是部分驾驶人片面追求经济效益，未能充分认识到违法超载危害多多，其中最明显的是超载对汽车的使用寿命危害极大，它可以导致车辆油耗增加，汽缸磨损加大，离合器片烧毁，车架（大梁）和钢板弹簧断裂等情况。如在山区坡道行驶，还会出现因超载引起整车中心趋前或趋后，造成部分基础总成（如车厢、车架、后桥等）发生位移和变形。除此之外，违法超载还会严重危及行车安全，如严重超载会使轮胎负荷过大、变形过大而爆裂，从而引起车辆突然偏驶。超载还严重影响汽车的转向性能，造成转向沉重，转向时离心力增大，操纵吃力，容易造成翻车事故。更为严重的是，超载将直接使车辆制动效能降低，制动距离加长，稳定性降低，致使事故频发。据有关部门试验证明，每超载1吨，机动车制动距离就增加1米。

一天深夜，来自内蒙古的胡某，驾驶一辆重型货车由京沈高速公路进京，车上连同装卸工在内共有3个人。为了多赚点钱，10吨的大货车，胡某拉了23吨，竟然超载了一倍多。进入北京管界以后，严重超载的大货车缓缓地行驶在北京四环主路上。

当车行驶到东四环路某桥时，在胡某前面行驶的一辆大货车因有情况紧急刹车。胡某下意识地也踩下了刹车，但由于车辆超载严重，就是停不下来，结果一头撞上了前面大货车尾部。胡某和副驾驶上的乘车人李某当场死亡，大货车报废。

人们也许还对2005年12月4日八达岭高速公路那起死亡24人的特大交通事故记忆犹新，这起事故是新中国成立以来北京死亡人数最多的一起特大交通事故。肇事原因同样是由于一辆大货车严重超载，导致刹车失灵而撞翻另一辆大客车所致。

车辆超载隐患无穷，这已是一个不争的事实。导致这类事故发生的一个重要原因就是，驾驶人无视法律法规，单纯追求经济利益，最终酿成惨剧。

《中华人民共和国道路交通安全法》第四十八条明确规定："机动车载物应当符合核定的载质量，严禁超载……"同时，若违反这条规定，《中华人民共和国道路交通安全法》第九十二条也有明确的处罚规定："……货运机动车超过核定载质量的，处200元以上500元以下罚款；超过核定载质量30%或者违反规定载客的，处500元以上2000元以下罚款。有前款行为的，由公安机关交通管理部门扣留机动车至违法状态消除。"运输单位的车辆有上述超载的情形，经处罚不改的，对直接负责的主管人员处2000元以上5000元以下罚款。

公安部2012年颁布的第123号令规定，驾驶货车载物超过核定载质量30%以上的或者违反规定载客的，一次性记6分；驾驶货车载物超过核定载质量未达30%的，一次性记3分。同时，123号令还规定，

持有大型客车（A1）、牵引车（A2）、城市公交车（A3）、中型客车（B1）、大型货车（B2）驾驶证的驾驶人在一个记分周期内有记满12分记录的，其最高准驾车型驾驶资格将被注销。应当讲，现在大货车超载现象是十分普遍的，对照公安部123号令的要求，从今以后大货车驾驶人应当警示自己不要再盲目超载了，一个驾驶人一个记分周期（1年）的分值只有12分，如果被扣光的话，将会面临被注销最高驾驶资格、丢掉职业的风险。

驾驶安全意识差，车辆超载危害大。
刹车失灵轮胎爆，车毁人亡事故发。
挣金山、挣银山，出了事故全玩完。

41 老年人驾车必备五招

人到老年，身体器官各项功能减退是一种自然规律。如果你已经年过50，那么无论你吃多少胡萝卜素，视力都可能不像你想得那么好了。

从科学角度讲，一位50岁的驾驶人在天黑后需要2倍的亮光，才能达到30岁时的视力，但多数老年人并未意识到这一点。

健康正常的眼睛，光通过瞳孔，经晶状体聚焦后达到眼睛后方的视网膜，在视网膜上成像。在光线昏暗或黑暗的环境中，眼睛通过瞳孔扩张让尽可能多的光线进入。虹膜（眼球中包围瞳孔的一层带色素的球形可伸缩薄膜）含有纤细的肌束，能够控制瞳孔的大小。随着年龄的增长，这些肌束就像人体的大多数肌束肉一样会渐渐衰弱下去，无法再像年轻时那样根据需要作出回应，使更多的光线进入瞳孔。结果是，当你试图在光线不佳的环境中看清周围物体时，瞳孔却不够大。

当光线突然变强或变弱的时候（譬如说一辆开着前照灯的汽车驶近，然后又开过去），老年人由于虹膜中控制瞳孔伸缩的肌束变弱，会影响到眼睛的调节能力。对老年人来说，这个过程要花更长的时间。那意味着从亮处换到暗处或从暗处换到亮处，老年人更容易看不清，需要更长的时间才能适应。另外，人眼球中的晶状体变浑浊使光线发生散射，这会导致某些场合下（譬如晚上开着前照灯的汽车驶近时）眼睛暂时失明。所以，据统计，夜间发生交通事故导致死亡的人数是白天的3倍。

在此，我们建议驾驶人在驾驶车辆时要做到下面五点来改善视力。

第一，晴天开车时要戴太阳镜和有帽檐的帽子，以保护眼睛。强烈的阳光会损害眼睛的感光体，延长眼睛适应黑暗的时间。一般来说，人的眼睛在半个小时后才能完全适应黑暗，但长时间暴露在强烈的阳光下会使这个过程延长几个小时。美国汽车协会就曾警告驾驶人：暴露在阳光下的时间越长，夜间的视力越差。

第二，彻底清洗汽车的前挡风玻璃，至少每周清洗一次。和晶状体浑浊一样，汽车前挡风玻璃太脏也会使光线发生散射，令强光更为集中。同时也要清洗汽车前照灯，灯罩上有薄薄一层尘垢就能使汽车前照灯的灯光减弱90％，令驾驶人更难看清路面。

第三，如果你戴眼镜，也要记得擦净眼镜，道理和汽车前挡风玻璃一样。配新眼镜时一定要给镜片加上一层防反射的薄膜。

41. 老年人驾车必备五招

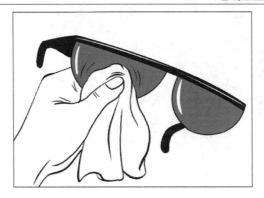

第四，晚上不要直视对向驶来的汽车，即使它们的车灯不那么刺眼也不要直视。在这种时候，应该向右偏20度角，用眼角的余光向前看。

第五，夜间开车时要减速，增加与前车之间的车距，确保能在汽车前照灯照亮的范围内把车停下来。

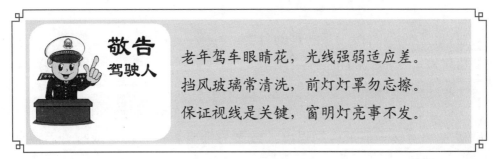

老年驾车眼睛花，光线强弱适应差。
挡风玻璃常清洗，前灯灯罩勿忘擦。
保证视线是关键，窗明灯亮事不发。

42 春季安全行车"六要素"

春季万物复苏，是一年四季中人们最容易犯困的季节，这是人体随季节气候变化的一种自然反应。对于驾驶人来说，根据春季的特点，在行车中采取相应的处置办法，对于安全驾驶是非常必要的。

1. 要保证足够的睡眠。

春季白天时间较长，夜晚时间较短，人体对睡眠时间缩短不能完全适应，因此驾驶人要注意保证充足的睡眠，切忌疲劳驾车。同时应适当多安排一些户外体育活动，如登山、打球、散步、做健身操等，都很有效。

2. 要合理调整饮食。

进入春季，驾驶人在日常生活中可以多从饮食上加以注意，减少疲劳的发生。据专家介绍，多食用如胡萝卜、大白菜、巧克力、苹果、海带、黄豆、土豆等富含维生素和钾的食物，都可以有助于起到防止疲劳的作用。

3. 要适时调整行车节奏。

行车时，特别是在长途旅行中，驾驶人不妨不时地打开窗通通风、透透气，调整一下车内的温度；或者与乘坐者说说话，或打开音响听

42. 春季安全行车"六要素"

听音乐；或者利用停车的间歇，下车做几下搏击动作，舒展一下身体，都会有益于消除疲劳。

4. 要适时调整行车路线。

单调的车速及单调的风景有时往往是疲劳的诱因。这一点在高速公路上更为突出，因此驾驶人在出行中，如在条件许可的情况下，尽可能选择一些沿途景色多变、花红柳绿的道路来行驶。这样不但心情好，视觉上的变换刺激也能让驾驶人不易疲劳。

5. 严格遵守交通法规。

每年的春季，人们出行较为频繁，此时会是道路运输的高峰期，交通流量大，此时也是交通事故的多发期。这就要求驾驶人必须严格遵守道路交通安全法律法规，合理装载，并且注意观察交通信号和路况信息，控制好车速、车距，服从交通警察的指挥。

6. 雨天注意安全文明驾驶。

春雨连绵，在下雨时行人走路急，穿越道路时往往是低头急跑、乱窜而不注意避让车辆，骑自行车的人也会低头猛蹬，不注意来往车辆。此外，行人身穿雨衣，听觉和视觉均受影响。因此，驾驶人在雨天出车前应及时做好刮水器的检查以及装载物资的防潮准备。雨中行车应减速慢行，不要与行人、自行车争道抢行，更不能野蛮驾驶将泥水溅到行人身上；通过易滑的路面时，应减速慢行，无论是平路、下坡或弯道，都应利用发动机牵阻作用控制车速，切勿急刹车。

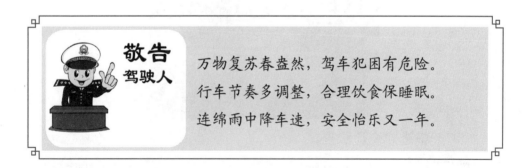

万物复苏春盎然，驾车犯困有危险。
行车节奏多调整，合理饮食保睡眠。
连绵雨中降车速，安全怡乐又一年。

43 夏季安全行车"四注意"、"十做到"

夏季是高温、多雨的季节,作为一名驾驶人,掌握较多的夏季行车常识,对于预防事故很有必要。在此,提醒驾驶人做到"四注意"、"十做到"。

一、"四注意"

1. 疲劳不开车。

夏季行车,驾驶人容易疲劳打瞌睡,因此行车前一定要注意保证休息,不可勉强行车。

日常小偏方:在空调出风口处涂抹些清凉油、风油精,给自己提提神。

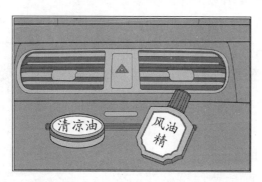

2. 不要开着空调睡觉。

因为车内通风性差,发动机排出的一氧化碳等有害气体会窜到车厢内,容易使人中毒,所以夏季不要开着空调在车内睡觉。

3. 不要在车内吸烟。

因为当车开着空调时，车内密封比较严，空气不易流通，容易使人患病，特别是有呼吸道疾病的人更受不了。

4. 不要把车内空调温度调得过低。

如果使用不当，将空调温度调得过低，极易使驾乘人员感冒，这样的事例很普遍。因此，一般车厢内外温度差在10度左右为宜。

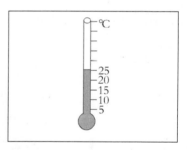

夏天的雨不同于春秋季节，大雨、暴雨比较多见，而常常会导致道路大面积积水，给行车安全带来不便。一旦遇有这种情况，驾驶人懂得一些必要的安全常识，可以有效地保证行车安全。

二、"十做到"

1. 保持良好的视距。

雨天行车与前车要保持足够的安全视距十分重要，首先除了谨慎驾驶以外，要及时打开刮水器，天气昏暗时还应开启近光灯和雾灯；如果前挡风玻璃有雾

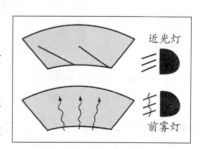

气，则需开冷气并吹向前挡风玻璃；如果后挡风玻璃有霜气，则要打开后挡风玻璃加热器，尽快消除雾气，以免看不清后面的情况。

2. 防止车辆侧滑。

雨中行车，路面湿滑，尤其是刚开始下小雨时，路面灰尘及沙土还没有被完全冲洗干净，吸了水分的沙土就变为黏土，造成路面非常滑。因此，驾驶人要双手平衡握住方向盘，保持直线和低速行驶，需要转弯时，应当缓踩刹车，以防轮胎抱死而造成车辆侧滑。如果是前轮侧滑，要将方向朝侧滑的一侧纠正，切不可打反方向。

3. 掌控好车速，缓慢行驶。

有经验的驾驶人都知道，无论道路的宽窄、路面状况好坏，雨中行车时速不超过30公里或40公里为宜，并随时注意观察前后车辆与自己车的距离，提前做好采取各种应急措施的心理准备。如需停车时，尽量提前100米左右减速、轻踩刹车，使后面来车有足够的应急准备时间，避免由于刹车过急造成碰撞或者追尾。

4. 尽量避免加速超车。

雨中行车，要随时注意前车的行驶速度和方向，绝不可因前车速度慢而加速超车。尤其是在高速公路上，由于各车道的车速相对较高，驾驶人的视角变窄，加上路面湿滑，强行越线超车，稍转方向就很容易造成车轮

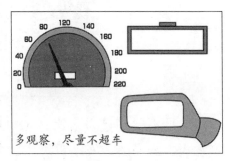

多观察，尽量不超车

打滑,极易与其他车辆发生剐蹭,引发车辆侧翻等意外事故。如果行驶中有必要借道行驶时,应该多看多观察。很多车的外后视镜没有自动加热功能,雨天在外后视镜上积留的雨滴容易造成驾驶视线盲点,因此,驾驶人要多看多注意。

5. 积水路段怎么走?

一是对于未知水深的路段,最好下车巡视或者等待,水深超过排气管,容易造成发动机熄火;水深超过保险杠,容易从空气滤清器、进气口进水,造成发动机进水。

二是如果涉水深度超过发动机罩,应立即熄火停车。如果过水时熄火,千万不要尝试再次点火起动。

三是不要高速过水沟、水坑,这样会产生飞溅,导致实际涉水深度加大,容易造成发动机进水。

43.夏季安全行车"四注意"、"十做到"

四是见到积水处不要左闪右避。看到水就闪或者马上踩刹车放慢速度,这是一般人的通病。实际上这两种方法都非常危险。左闪右避反而容易使后面车辆驾驶人误解、造成意外。

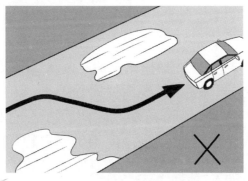

五是防止涉水陷车。当车经过有积水或者立交桥下、深槽隧道等有大水漫溢的路面时,首先要停车察看积水的深度,最简单的方法是水深不能超过排气管的高度,如果超了,应选择其他路线绕行,如水

只淹没少半个轮胎,可以挂一挡,稳住油门,低速直行,一气通过,切不可途中停车、换挡或急转方向,防止因操作失误而导致车辆熄火、发动机损坏。

6. 警惕撞伤行人、骑车人。

机动车在雨天行车撞伤行人和骑车人的事故比较多见,其原因是,雨中的行人撑伞,骑车人穿雨披时,他们的视线、听觉、反应等受到限制,有时还为了赶路、抢换公交车横穿道路、突然转向,或者在车辆临近时因惊惶失措而滑倒,这都会使驾驶人措手不及。遇到这种情况时,驾驶人应减速慢行、多鸣笛、耐心避让,必要时可选择安全地点停车,切不可急躁地与行人和自行车抢行,防止发生事故。

7. 车陷泥坑的处置方法。

雨天,在乡间土路上行车时,经常遇到车轮陷入泥坑的情况。一旦发生这种情况,可以挂上一挡或倒挡,试探性地缓踩油门,当汽车能前行或者后退时,要保持加速踏板位置不变,低速匀速开出泥坑路段。如果汽车无法前后移动,可以在驱动轮前后铺垫石块、砖头、木板或树枝等,以增加车轮与地面的附着力,使汽车平稳开出泥坑。

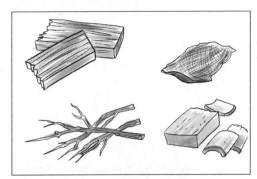

8. 雨天临时停车时勿关闭发动机。

下雨天临时停车,虽然有发动机罩防雨,但难免留有空隙及地面溅起的水花淋湿点火系统,所以,不要关闭发动机,以免雨后发动机无法起动。

43.夏季安全行车"四注意"、"十做到"

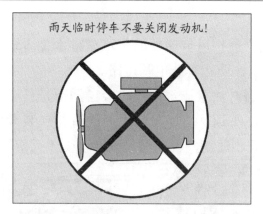

9. 夜间,阴雨天及时开启灯光。

夜间、阴天行车,应及时打开前照灯、示廓灯和后位灯。夜间行车视野较差,为了防止被追尾,应该及时开启前照灯、示廓灯和后位灯。另外在阴天、雨雾较重或可视性较差的雨天,也应该及时打开前照灯、示廓灯和后位灯。

10. 雨季车辆保养"四注意"。

一是刮水器最好一年一换。如果刮水器的扫水能力下降,雨天行车观察路面情况将会很困难。特别是高速行驶时,刮片向上浮起,扫水能力更差。另外,夜间雨中行车,没有刮净的雨滴会在灯光下产生各种反射光,使前方视野极度模糊,容易引发事故。

二是给前挡风玻璃上点蜡。如果玻璃清洁剂中含有一些蜡质,使用后可以在玻璃表面形成蜡膜,刮水器扫水会非常彻底,还可以保护

161

远离车祸50招 —— 一位老交警的忠告

玻璃。

　　三是定期检查前挡风玻璃处的防水槽排水是否通畅。避免雨天积水造成发动机进水，防止车载电脑短路。

　　四是加装天窗时注意排水系统。天窗漏雨是件很烦人的事，天窗的排水系统密封在车顶，所以平常不易检查。加装天窗时一定注意排水系统安装的正规和通畅，否则雨天只能享受"天雨"了。

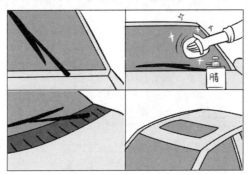

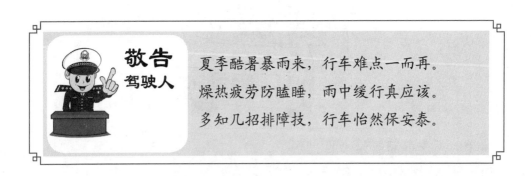

敬告驾驶人

夏季酷暑暴雨来，行车难点一而再。
燥热疲劳防瞌睡，雨中缓行真应该。
多知几招排障技，行车怡然保安泰。

44
秋季雾天行车使用灯光"五必须"

秋天，特别是深秋季节，由于昼夜温差大，往往是产生浓雾或大雾的季节。雾天行车，路上存在极大安全隐患，因此秋季行车安全重在防雾。下面介绍几点雾天行车的安全常识。

1. 雾天能见度小于1公里时，必须开启前照灯。开前照灯不仅是为了看清前车，更重要的是提醒前车。否则，前车在超车并线时很难发现后面的车，容易造成追尾事故。

2. 如果雾继续增大，必须开启近光灯和前后雾灯。主要是利用前雾灯黄光的强穿透性看清前方道路，同时被对向驶来的车辆及时发现。后雾灯的强穿透力也易使自己被后车发现。

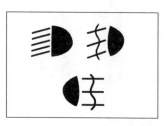

3. 当能见度不足100米时，除开启近光灯和雾灯外在降低速度的同时应打开危险报警闪光灯。一则黄色的灯光穿透性强；二则闪烁的灯光对后车驾驶人眼睛的刺激性强，有警示作用。

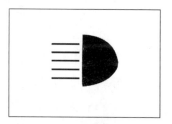

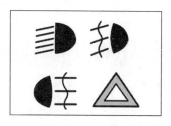

4. 雾天不能开远光灯。因为远光灯的设计是大面积照射，容易在雾里造成散射，在驾驶人眼前造成散射光团，一片雪白，反而看不清前方道路。

5. 如果大雾中在高速公路上行驶时能见度过低，无法继续前行时，驾驶人应将车停在紧急停车带，打开危险报警闪光灯，然后在车后150米以外放置反光警告标志，驾驶人和乘车人必须下车，翻过路边护栏，在车右后侧道外等待。要知道，很多人在高速公路上就是因为停车后留在车内被后面的来车追尾撞死的。

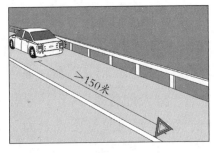

深秋行车雾常见，交通安全有隐患。
严格控制车行速，近光雾灯是关键。
待到浓雾至大时，定要停车保安全。

45 冬季安全行车"九必查"、"十做到"

每年一到冬天,驾驶人们都会头疼,不仅车辆换季保养很麻烦,而且一遇上下雪天气、结冰的路面又容易发生事故。要想让汽车和你都能安全地过冬,要做的事情很多,不仅需要更换机油、防冻液、检查蓄电池,还十分有必要掌握冬季的安全行车常识。

一、车辆保养常识(九必查)

1. 检查机油。

冬季对汽车发动机的润滑要求较高,如果使用的是夏季机油必须更换、对使用时间较长、颜色发黑、附着力变差的机油都应换掉,以保证发动机起动的顺畅。

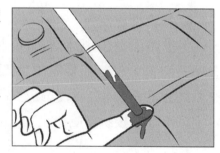

2. 检查防冻液。

防冻液的量一定要合适,不同地区和不同车型应注意防冻液的冰点温度及型号,使用 2 年以上的防冻液应予更换,混合防冻液使用 1 年必须更换。注意不同品牌、不同型号的产品不要混用。

3. 检查蓄电池。

蓄电池内电解液不能亏缺，保持将极板淹没10毫米为好，并检查电解液比重，保持充电量，如果蓄电池充电不足，极易在严寒中裂损。

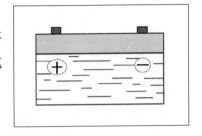

4. 检查制动。

注意制动液量是否充足，品质是否变差，注意及时添注或更换。注意制动有无变弱、跑偏，必要时清理整个制动系统的管路部分。

5. 检查四轮定位。

冬季路面易出现冰雪，同时橡胶、金属、塑料等材料在低温下会变硬，操控系统也相应变沉，行驶路感减弱，四轮定位不准确极易影响安全。

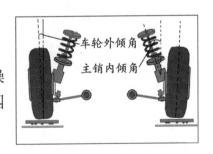

6. 检查轮胎。

冬季橡胶变硬相对较脆，不但摩擦系数会降低，也较其他季节易于漏气、扎胎。冬季经常清理胎纹内的夹杂物，尽量避免使用补过一次以上的轮胎，更换掉磨损较大和不同品牌不同花纹的轮胎也是不可忽视的。

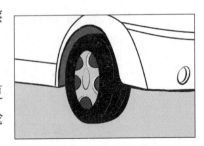

7. 检查暖风。

检查暖风管线及风扇，特别是要注意挡风玻璃下的除霜出风口送风是否正常，热量是否够，当除霜出风口有问题时，会给冬季驾车带来许多麻烦和不安全因素。

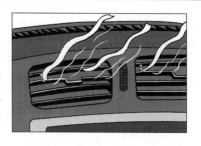

8. 检查玻璃清洗液。

玻璃清洗液在冬季的使用量明显会少于其他季节，但也不能忽视，一些人在其他用量多的季节里用清水和洗涤水代替，但冬季里那些代用品常会结冰，所以冬季里不可以使用，一定要放光旧清洗液，换上不怕冻的玻璃清洗液，也可以在清水中加入酒精来降低冰点。

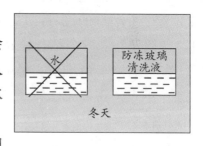

9. 检查空调。

入冬前一定要检查一下空调系统是否清洁，有没有堵塞积水现象。

二、操作车辆常识（十做到）

1. 预热。

冬季气温低，润滑油黏度增加不易流动，起动发动机后让发动机保持在1100转/分左右，让车预热后再起步，预热期间不可猛踩油门也不要让发动机

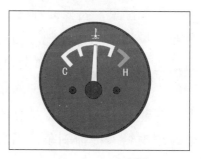

转速过高。预热不必等发动机温度上升到最佳温度再起步，只要冷却液温度表的指针开始上升就可以了。

2. 起步。

冬季起步，一定要十分柔和缓慢，这样一方面是为了发动机在未到达正常运转温度时负载尽量小，另一方面也让轮胎在没热起来还处于较硬的状态下有一个渐热的过程，这样对发动机、轮胎及行车安全都有好处。

缓慢起步

在雪地，车辆起步变得困难，为了能够顺利起步，最好稍微前后移动一下车，或者用雪铲清除车辆周围的积雪。点火后轻踩油门，不要使车轮空转，否则车辆会越陷越深。

3. 换挡。

冬季驾车换挡要勤，要像驾驶磨合期的车一样驾驶，一定要注意挡位的选择和油离配合，挡位过低过高都易使车辆失控，这一点在冰雪路面上行驶尤为重要。

在雪地行驶中，上下坡时都要使用低挡平稳通过，中途不宜换挡。上坡防熄火，下坡绝对禁止空挡滑行。

4. 行驶。

冬季行车，特别是刚上路时，一定要尽量让车匀速行驶，切忌猛加速猛减速，在有冰雪的路面上更是如此。行驶中，要时刻注意周围的车辆及行人，并注意与前车保持足够的距离，要时刻准备着提前刹车，当发现和前

45. 冬季安全行车"九必查"、"十做到"

车的距离在缩短，不管什么原因马上减速并将脚放在制动踏板上准备制动。应当说，轻柔加速、遇情况及早缓慢减速是冬季行车的原则。

5. 选线。

出行前，应该尽量选择好出行路线，如果条件允许，尽量选择没有结冰、积雪或结冰、积雪少的路段行驶，不要一味地到主路或环线上行驶。其实许多主干道及环线的辅路并不一定比环线主路难走，选择这些道路出行，所用时间会更短，也更安全。新手雪天开车可改走辅路，避免遇到坡度较大的立交桥。

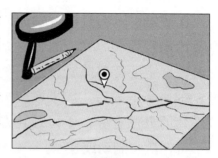

行车中，在冰雪路面上要尽可能走直线，不要频繁变更车道，有车辙处最好沿车辙走，没有车辙处要注意周围参照物，辨明道路的走向，提防覆雪掩盖处的坑洼，有可能的话尽量在路中间行车。

6. 会车。

一般情况下，冬季会车如同其他季节一样，但在有冰雪时，会车应及早减速，特别是在道路不是很宽的情况下，会车要尽量在直道或稍宽一点的路段。

在直路或稍宽路段低速会车

7. 超车。

冬季枝枯叶落，视野略好于其他季节，但由于空旷无遮拦，风也较大，所以前车不易听到后车的喇叭声。因此，超车时应运用喇叭和前照灯提示，待前车做出让路动作时再超。在有冰雪的天气，超车很危险，确有必要超

车时，要选择宽直的、对向有足够安全距离的路段进行，而且超过前车后千万不要马上向回并线，要尽量给被超车留出安全距离。

8. 转弯。

冬季驾车转弯时要特别注意避开弯道内的积雪和冰面。冰雪路无法避开时，一定要提早降挡减速、缓慢通过。车速降下来后，应采取转大弯、走缓弯的办法行驶，不可急转方向，更不可在弯中制动或挂空挡。

9. 制动。

冬季行车，制动要突出一个"早"字和一个"柔"字，即便是在无冰雪的路面上行驶，冬季制动的效果也与其他季节不尽相同，往往略有些"硬"，所以冬季驾车制动应早一些轻踩，并与减挡结合起来。在冰雪路上则尽量

不踩制动，必要时还可运用驻车制动，但应按住驻车制动的放松钮，不要让驻车制动卡死。绝对不能忘记的是上路前和停车休息再上路时，一定要试踩几脚制动踏板，以免结冰导致制动失效。

10. 停车。

冬季停车要注意选择地点，尽量避开坑洼潮湿处，以免积水成冰冻住车轮。另外，有冰雪时要选择平地，不宜在坡地停车，以免起步困难。停车时避开有枯草落叶处，装有三元催化装置的车更要注意，以防高温的三元催化器外壳将枯草引燃。尽量避免在雪地上停车，要保证有足够的

45.冬季安全行车"九必查"、"十做到"

空间驶离停车位,避免驶离车位时变得困难。

三、冬季行车日常"小偏方"

1. 携带木板、绳子。

冬季行车难免会遇到冰雪和路面极滑的时候,不得以在冰雪路面的坡道中停车、起步,因此,在出行前,在后备箱里放置一些木板和绳子之类的东西,当遇到车辆不好起步的时候垫在车轮下面,会起到防滑的作用。

2. 准备手套、防寒服。

冬季许多人开车外出时不准备御寒装备,一旦车辆出现故障就很麻烦。因此,在车中备一套防寒服和一双手套很有必要,万一在冰天雪地里需要换轮胎,这些准备可就如同救命衣了。

3. 放置旧报纸、胶带。

在车辆中放置一些旧报纸和胶带,一旦遇有雪天停车的时候,将旧报纸放在挡风玻璃外,再用胶带略加固定,可以免去次日凌晨挡风玻璃结霜结冰,无法很快上路的烦恼。

4. 使用干布、掸子。

一旦车辆玻璃结冰或覆有积雪,千万不要用湿布去擦拭车窗,那样就会令车窗上结冰,越擦越花,要注意最好在车上备上掸子或干布,用干布擦拭效果会好得多。

5. 雪天戴墨镜。

雪后放晴的天气,阳光照在雪地上,很容易令人视觉疲劳,配戴墨镜便可以起到缓解疲劳的作用。

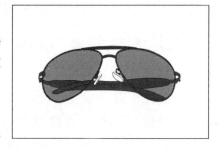

6. 擦干钥匙孔。

冬季洗车或雪化时,要注意擦干车门上的钥匙孔,也可以在钥匙孔内注一点润滑油,同时还要用干布擦干车门四周的水滴,以防夜间结冰打不开车门。

7. 支起刮水器刮片。

在下雪结冰的日子里,开启和关闭刮水器前后,应注意擦去刮片上的残雪和冰、水,同时要擦净挡风玻璃,防止刮片和挡风玻璃冻在一起,必要时夜间停车应将刮片支起来,确保不会冻住。

8. 开门降温几分钟。

45. 冬季安全行车"九必查"、"十做到"

冬季里玻璃结霜结冰的情况极为常见，这主要是车内外温差大造成的，所以入夜收车前将车门打开几分钟，待车内温度降至与外界相同时再锁车，便可以减轻或避免晨起玻璃结冰霜不易清除的问题。

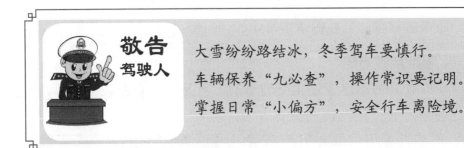

大雪纷纷路结冰，冬季驾车要慎行。

车辆保养"九必查"，操作常识要记明。

掌握日常"小偏方"，安全行车离险境。

46 事故救助有招数

交通事故不是天灾,而是人祸。因为交通事故是车辆在道路上因过错或者意外造成的人身伤亡或者财产损失的事件,而车辆又是由人驾驶的。纵观一起起伤亡惨重的重特大交通事故,似乎它们的前因、后果充满着各种偶然和变数,作为个人很难在主观上预见到它们即将在下一刻发生。但是,在发生事故的一刹那,如何使身处困境的自己由被动变为主动,又对减少伤亡起着至关重要的作用。现根据有关资料,介绍一下事故自救、互救的基本常识。

一、事故自救方法

每个驾驶人都不愿意发生交通事故,可是,一旦发生交通事故该怎样处理呢?下面讲述12种处置方法。

1. 车祸发生时,驾乘者应沉着冷静,保持清醒的头脑,千万不要惊慌失措,要迅速辨明情况,按照"先救人、后顾车;先断电路,后断油路"的原则,把事故损失降到最低程度。

2. 发生翻车事故时,驾驶人应紧紧抓住方向盘,两脚钩住离合器踏板或加速踏板,尽量使身体固定,防止在驾驶室内翻滚、碰撞而致伤。如果驾驶室是敞开式的,翻车时驾驶人应尽量缩小身体往下躲,或者

46. 事故救助有招数

设法跳车。

乘客应迅速趴到座椅上，紧紧抓住前排座位、扶杆或把手等固定物，低下头，利用前排座椅靠背或手臂保护头部；若遇翻车或坠车时，应迅速蹲下身体，紧紧抓住前排座位的椅脚，身体尽量固定在两排座位之间，随车翻转；车辆在行驶中发生事故时，乘客不要盲目跳车，应在车辆停下后再陆续撤离。

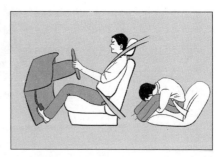

3. 万一人被抛出驾驶室或车厢，应迅速抱住头部，并缩成球状就势翻滚，其目的是减小落地时的反作用力，减轻头部、胸部的损伤，同时尽量远离危险区域。

4. 当翻车已不可避免，需要跳车时，双脚应用力蹬，增大向外抛出的力量和距离，逆着翻车方向跳出，不能顺着翻车的方向跳车，以防跳出后又被车辆重新压上。

5. 在撞车事故中，巨大的撞击力常常对人体造成重大伤害。为此，乘员应紧握扶手或靠背，同时双脚稍微弯曲用力向前蹬，使撞击力尽量消耗在自己的手腕和腿弯之间，减缓身体前冲的速度和力量。

6. 驾驶人在寻找自救方法的同时，要兼顾别人的安全以及可能造成的货物等财产方面的损失。

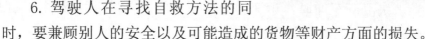

7. 在道路上发生车祸时，要注意保护好现场，及时救护伤员，尽快报警，争取得到交通警察的帮助，防止造成交通堵塞。

8. 在车祸中，如果人的头颅、胸部和腹部受到撞击或挤压，即便仅是隐隐作痛，也要警惕内脏出血，应及时到医院诊治，千万不可掉以轻心，不要执意回家，防止内出血突然加剧而导致死亡。

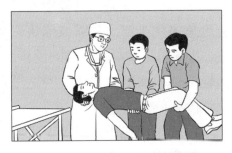

9. 车辆意外失火时，应破窗脱身打滚灭火。行车途中汽车突然起火，驾驶人应立即熄火、切断油路和电源，关闭点火开关后，设法组织车内人员迅速离开车体。若因车辆碰撞变形、车门无法打开时，可从前后挡风玻璃或车窗处破窗脱身。

10. 车辆落水时，先深呼吸再开车门。汽车翻进河里，若水较深时，先不要急于打开车门和车窗玻璃，因为这时车门是难以打开的。此时，车厢内的氧气可供驾乘人员维持5~10分钟，应首先使头部保持在水面上，当水快浸满车厢时，迅速用力推开车门或砸破车窗玻璃，同时深吸一口气，及时浮出水面。

46. 事故救助有招数

11. 当车辆发生迎面碰撞时，两脚踏直身体后倾。一旦遇有事故发生，当迎面碰撞的主要方位不在驾驶人一侧时，驾驶人应紧握方向盘，两腿向前踏直，身体后倾，保持身体平衡。如果迎面碰撞的主要方位在临近驾驶人座位或者撞击力度大时，驾驶人应迅速远离方向盘，将两脚抬起，以免遭到挤压而受伤。

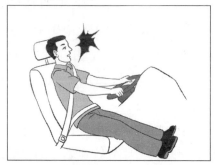

二、事故互救方法

交通事故引发的死亡，往往不是事故本身造成的，而是因为伤员得不到及时的救治或被不当救治造成的。假如您了解一些抢救伤员的常识，在关键时刻，您可能就成为伤员生命的救护神。

1. 首先是设法打交通事故报警电话"122"或派人报告公安交通管理部门，告知出事的时间、地点、伤亡情况等；并设法通知紧急救护机构（拨打"120"电话），请求派出救护车和救护人员。

及时拨打120和122

2. 对于伤员不必急于把他们从车上或车下往外拖，而应该首先检查伤员是否失去知觉,还有没有心跳和呼吸,有无大出血,有无明显的骨折。如果伤员已发生昏迷可先松开他们的颈、胸、腰部的贴身衣服,把他的头转向一侧并清除口鼻中的呕吐物、血液、污物等,以免引起窒息;如果心跳和呼吸都停止了,应该马上进行口对口人工呼吸和胸外心脏按压。

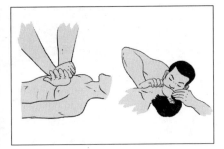

3. 如果有严重外伤出血,可将头部放低,伤处抬高,并用干净的手帕、毛巾在伤口上直接压迫或把伤口边缘捏在一起止血。

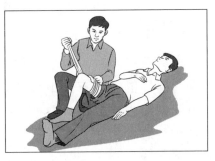

4. 如果发生开放性骨折和严重畸形,可能会因伤员穿着衣服难以发现,因此不应急于搬动伤者或扶其站立,以免骨折断端移位,损伤周围血管和神经。如果伤员发生昏迷、瞳孔缩小或散大,甚至对光反应迟钝或消失,则应考虑有颅内损伤情况,必须立即送医院抢救。至于一般的伤员,可根据不同的伤情予以早期处理,让他们采取各自认为恰当的体位,耐心地等待有关部门前来处理。

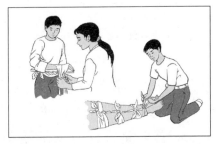

敬告驾驶人

事故发生一瞬间,身处困境莫慌乱。
自救措施因情异,性命安全最优先。
迅速报警求援助,时间宝贵莫误延。

47 自行车安全出行"六必须"

不管你是工人、农民、学生，还是从事任何职业，你可能都会有一辆自行车。自行车以其轻便、灵巧的特点，成为寻常百姓家不可缺少的代步工具。随着社会的发展，自行车的安全行驶问题已越来越成为人们关注的热门话题。因为在生活中，骑自行车人被机动车撞死撞伤的交通事故时有发生。骑车人作为交通安全中的弱势群体，必须要增强安全意识，掌握最基本的安全常识，否则，在骑车途中，危险可能会随时降临。

一天早晨，对于家住在北京市郊区某村13岁的少年小华来讲，是令他终生刻骨铭心的一个早晨。这天，小华像往常一样，背起书包骑自行车去学校上学。他上学必经的机场辅路，是一条没有中心隔离设施的机非混行道路，路窄车多。7时10分左右，当小华骑车行至机场辅路某路口时，他由东向南左转弯，适有一辆重型大货车由东向西直行从小华的后方驶来，由于距离过近，大货车刹车不及，将小华连人带车撞倒后，左前轮又从他的右小腿上轧了过去。在群众的帮助下，小华立即被送往医院抢救治疗。当父母得知消息赶到医院，看到的是满身绷带、神情沮丧的儿子，夫妻俩心如刀绞。小华看到亲人，立即嚎啕大哭起来："妈妈，妈妈，我的腿好像没有了一样，您赶快让医生叔叔给我治啊，我还想踢足球呢！妈妈，妈妈！"小华的爸爸满眼噙着泪水，"扑通"一下跪倒在医生面前，"大夫，我求求您了，请您无论如何也要保住我们家儿子的腿啊，他现在还小，我们两口以后可全指着他啦"。最后，在医生的全力抢救下，小华虽然躲过了截肢的厄运，保住了这条腿，但医生说，他的腿会留下终生残疾，再也不能像正常人一样运动了。

事后，肇事的大货车驾驶人对调查的办案民警讲："这孩子，拐弯太急了，也不打个手势，但凡有个手势我也能早刹住车，不至于撞上他。"

骑车人如何避免交通事故呢？道路交通安全法律法规早已给出了明确的答案。我们根据《中华人民共和国道路交通安全法》、《中华人民共和国道路交通安全法实施条例》和《北京市实施〈中华人民共和国道路交通安全法〉办法》的规定，将自行车的安全出行常识归纳为六个方面，也叫"六必须"。

1.《中华人民共和国道路交通安全法》第七十二条规定：驾驶自行车、三轮车必须年满12周岁；驾驶电动自行车和残疾人机动轮椅车必须年满16周岁；不得醉酒驾驶，不得在道路上骑独轮自行车或者2人以上骑行的自行车。

2.《北京市实施〈中华人民共和国道路安全法〉办法》第五十五条规定：驾驶非机动车应当在非机动车道内顺向行驶。在没有划设非机动车道的道路上，自行车、电动自行车应当在距离道路右侧边缘线向左1.5米的范围内行驶……；不得进入高速公路、

城市快速路或者其他封闭的机动车专用道；与相邻行驶的非机动车保持安全距离；在与行人混行的道路上避让行人；不得在车行道上停车

滞留；自行车、电动自行车不得在人行道和人行横道上骑行。

3.《中华人民共和国道路交通安全法实施条例》第七十一条规定：转弯前必须应当减速慢行，伸手示意，不得突然猛拐；超越前车时不得妨碍被超越的车辆行驶；不得牵引、攀扶车辆或者被其他车辆牵引；不得双手离把或者手中持物，不得扶身并行、互相追逐或者曲折竞驶。

4.《中华人民共和国道路交通安全法实施条例》第六十八条规定：自行车、电动自行车等非机动车通过有交通信号灯控制的交叉路口必须注意合理让行，转弯的非机动车让直行的车辆、行人优先通行；遇有前方路口交通阻塞时，不得进入路口；向左转弯时，靠路口中心点的右侧转弯；遇有停止信号时，应当依次停在路口停止线以外，没有停止线的，停在路口以外；向右转弯遇有同方向前车正在等候放行信号时，在本车道内能够转弯的，可以通行，不能转弯的，依次等候。

5.《中华人民共和国道路交通安全法实施条例》第七十条规定：驾驶自行车、电动自行车在路段上横过机动车道，应当下车推行，有人行横道或者行人过街设施的，应当从人行横道或者行人过街设施通过；没有人行横道、没有行人过街设施或者不便使

用行人过街设施的，在确认安全后直行通过。

6. 自行车载人、载物必须符合规定。《北京市实施〈中华人民共和国道路交通安全法〉办法》第五十五条中规定：成年人驾驶自行车可以在固定座椅内载一名儿童，但不得载12岁以上的人员；未成年人驾驶自行车不得载人；《中华人民共和国道路交通安全法实施条例》第七十条规定：自行车、电动自行车载物高度从地面起不得超过1.5米，宽度左右各不得超出车把0.1米，长度前端不得超出车轮，后端不得超出车身0.3米。

骑车人员要注意，外出途中讲规矩。
路口等灯勿越线，马路中间不乱行。
拐弯伸手要示意，安全礼让要记清。
只要安全意识有，事故不会找上你。

48 行人过马路"四必知"

近几年,随着城乡间人员流动频繁,行人的交通事故经常发生。据分析,在城市里不少行人交通安全意识差,对交通安全常识知之甚少,是导致事故多发的一个重要原因。

小明6岁那年,随同父母从河南老家迁居到北京,三口人租住在郊区一间狭小的民房里。为了维持生计,小明的父亲每天清晨就起来送报纸,母亲也到宾馆去当清洁工,靠着非常有限的收入供孩子上学,生活过得十分拮据。转眼小明已经上了小学五年级,正处于长身体的时候不仅个子长高了,饭量也加大了。两个月前,小明央求着妈妈说自己想吃虾,为了不让儿子失望,妈妈就对儿子许诺说:"只要你期末考试能在班里排前三名,妈妈就给你做油焖大虾。""一言为定?""当然,说话算话。"自从妈妈说完这句话,小明就把吃虾这件事时时挂在心上,更加努力地学习。转眼两个月过去了,小明在夏季的期末考试中竟然拿到了全班第一的好成绩。妈妈听后非常高兴,当即拉着儿子到农贸市场买虾去了。

从小明的家到农贸市场的途中隔着一条马路,过马路最安全的方法,是向南绕行100多米,从路口的人行横道过去。但由于此路段正在施工,时常有人扒开马路中间的施工护栏,从缺口来回穿行。妈妈怕带着孩子过马路危险,就嘱咐小明在路旁的小卖部里等着,还给他买了根冰棍儿,自己也随着几位行人从护栏的缺口穿行到了马路对面。

远离车祸50招 ── 一位老交警的忠告

过了一会儿后,妈妈从市场里走了出来,手里提着一个黑色的塑料袋,里面装着活虾。妈妈很快就由西向东穿行到了马路中间的护栏旁,她拎着手中的虾向对面的孩子挥着手,小明高兴得一个劲儿地喊着:"妈妈,妈妈,快过来,快过来啊!"。此时,小明的妈妈已钻出护栏继续向东横过马路,在由南向北的车流中,最内侧两条机动车道上的车减缓了车速,避让了她一下。但当小明的妈妈紧跑到最外侧车道时,有一辆大货车疾驰而来,当即把她撞出去十多米远,右前轮从她的身上轧了过去,鲜血迸溅满地。站在马路对面的小明,把惨剧发生的整个过程看得真真切切,刚才还笑容可掬的妈妈,转眼间却倒在了血泊之中。"妈妈,妈妈,你快醒醒啊!"小明不顾一切地跑到妈妈跟前,用力摇晃着妈妈的身体,声嘶力竭地哭喊着。但一切都为时已晚,妈妈已经当场死亡,现场中,只有几只从塑料袋中挣脱出来的活虾在地面上蹦着、跳着……

一个冬天的晚上,刘女士从山东出差返京,在首都机场下飞机后,搭上朋友的车,来到京顺路孙河地段,准备转乘长途汽车返回平谷的家。当她从朋友的车上下来后,正巧马路对面有一辆长途车要进站,刘女士回家心切,光看对面车了,没有观察左右有无车辆,即连忙向马路对面跑去。当她刚一进入机动车主道时,被一辆从左侧驶来的小汽车撞倒,头部受重伤,最终在送往医院的途中不幸身亡。

大家也许依然还对多年前的一个夏天,北京电视台报道的一行人横穿京通快速路被撞身亡的那组镜头记忆犹新。被撞身亡的是一个小伙子,当日他从一处安全护网处下钻入了车流不息的高速路上,当他由北往南横穿时,刹那间,一辆高速行驶的白色桑塔纳小汽车左前部猛烈无情地撞击了这个慌乱奔跑的小伙子,他的身躯立即平地而起,在空中翻转几圈后重重地摔到路面上,小伙子当场死亡。

行人作为交通参与者中的弱势群体,应当具有较强的安全意识,严格遵守道路交通安全法法律法规的相关规定,这是保障安全的最基

48. 行人过马路"四必知"

本要求。同时，懂得一些安全常识，对于提高自身的事故防范能力也是非常重要的。那么，行人在横过道路时应当遵循哪些必要的安全准则呢？这里概括出安全过马路的"四必知"。

一必知："应当走人行横道或者过街设施；通过有交通信号灯的人行横道，应当按照交通信号灯指示通行。"多走几步路，生命安全有保障。否则，灾难随时可能降临。

二必知：一定要遵循"先看左后看右"的基本规律。"通过没有交通信号灯、人行横道的路口，或者在没有过街设施的路段横过道路，应当在确认安全后通过。"因为行人过路先临近的是最左侧方向来车，从安全角度来讲，左侧来车距行人的距离最近，危险性最大。在日常生活中，有些人过马路往往缺乏这方面的常识，不是先观察左侧有无来车，而是有悖常理先去看右边的车，结果刚一上主路，即被左侧来车撞个正着。

三必知："行人不得在车行道上行走或者兜售、发送物品；不得在车行道上等候车辆或者招呼营运车辆。"

四必知:"行人不得进入高速公路、城市快速路或者其他封闭的机动车专用道。"行人一旦进入,将会面临极大的危险。前面讲的第三个事故就是最典型的例子。

斑马线是生命线,行人过路走上边。
先看左来后看右,确定车距再通过。
只要防范意识强,安全就能有保障。

49 车辆出现意外"八个怎么办"

行车中制动失灵、发动机突然熄火了该怎么办？相信许多驾驶人遇到这种情况都会十分发愁。下面向大家介绍八种突发紧急情况下必要的处置方法，归纳为行车中车辆突遇意外情况"八个怎么办"。

1. 制动突然失效怎么办？

行车中突然感到制动失效时，应继续不断地用力踩踏制动器踏板，同时慢慢拉紧"手刹"，并开启危险报警闪光灯、鸣笛，以警示其他车辆。如仍不能停车，应迅速将变速杆换至低挡位，并利用路旁土堆、树木等坚实障碍物擦刮车体减速。

2. 行车中发动机突然熄火怎么办？

汽车在行驶中，如果油路、电路出现故障，一般都有先兆。比如发动机发出"突突"的声音，动力忽高忽低等。一旦出现这些情况，千万不要摘挡，不要踩离合器。要利用车辆惯性，带动发动机再次起动。如果起动失败，要靠边停车，打开危险报警闪光灯，检查故障。

这里需特别提醒的是，如果您开的车是带转向助力的车，发动机一定

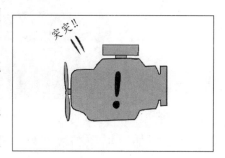

不能停转。如果上述故障已经出现,就要利用车身惯性带动发动机转动,赶紧靠边停车。因为发动机一旦停止转动后,转向助力马上停止,制动助力也马上停止。此时转向会很费力,车辆继续滑行时,踩制动也是特别费力。驾驶人如果没有一定的心理准备,就很可能发生交通事故。所以出现故障后不要慌,要果断采取措施,事故还是可以避免的。

3. 轮胎爆裂、车轮脱落怎么办?

行车中突遇轮胎爆裂、车轮脱落的情况,应紧握方向盘控制行驶方向,不要惊慌失措盲目急踩制动器踏板,应间歇踩踏制动踏板,顺势将车平稳停住。

4. 夜间会车灯光突然熄灭怎么办?

应立即踏下制动器踏板,将车平稳停住并向安全地方停靠。

5. 油门涩滞怎么办?

行驶中如遇加速踏板突然卡住(油门涩滞),应立即将变速杆放入空挡位置,踏下制动器踏板,将车停住。停车后应拉紧手刹,关闭发动机,然后再排除故障。

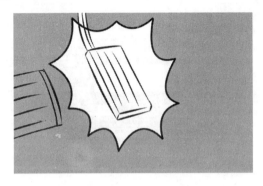

6. 转向失灵怎么办?

行车中如突然出现转向失灵(方向盘空转)或方向盘转不动的情况,应立即踏下制动踏板,控制车速。若车辆行驶在弯道时,转向突然失灵,往往车辆会冲出路面撞车或翻车。此时一方面应紧急制动,另一方面要握紧方向盘,让身体后仰,紧贴着靠背,随着车体翻滚。车辆在翻滚中,一定要避免身体在驾驶室里滚动,以免身体撞击铁质器物而受伤。

7. 车辆起火怎么办?

大多数汽车起火的原因是电路系统发生短路,如果没有灭火器,可用一大块布覆盖着火的电线,使它熄灭,千万不可赤手扯拿着火的电线。汽车加油、保养或撞车翻车过程中,火灾也易由于燃油被明火点燃而引起。此时,驾驶人应注意以下几点:(1) 立即切断油源;(2) 关闭油箱开关或取走汽车上的油;(3) 关闭点火开关后立即设法离开驾驶室。

8. 迎面有车冲来怎么办?

如出现这种情况,可将车驶向右方,切勿驶向左方。因为迎面而来的汽车驾驶人可能为了避免与你相撞而决定向右转向,如果你驶向左方反而与其迎头相撞。同时降低车速,减轻冲力。必要时应该将车驶出路面,把车道让给对方,这将远胜于与他车迎面相撞。

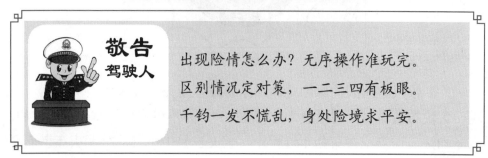

敬告驾驶人

出现险情怎么办?无序操作准玩完。
区别情况定对策,一二三四有板眼。
千钧一发不慌乱,身处险境求平安。

50 防冻液使用"四注意"

防冻液的全称应该叫防冻冷却液,意为有防冻功能的冷却液。不过首先要纠正一个误解,防冻液不仅仅是冬天用的,它应该代替水全年用于汽车的冷却。优质的防冻冷却液还应具有以下三个特点:

(1)防腐蚀功能。发动机及其冷却系统是金属制造的,有铜、有铁、有铝、有钢还有焊锡。这些金属在高温下与冷却水接触,时间长了都会遭到腐蚀,会生锈。而现代防冻液不仅不会对发动机冷却系统造成腐蚀,还具有防腐和除锈功能。

(2)沸点高。水的沸点是100摄氏度,优质防冻冷却液的沸点要高,比水更难开锅。

(3)防垢,也就是防水碱。用水作冷却液最让驾驶人头疼的就是水垢问题。水垢附着在水箱、水套的金属表面,使散热效果越来越差,而且清除起来也很困难。优质的防冻液采用蒸馏水制造,并加有防垢添加剂,不但不生水垢还具有除垢功能。当然,如果你的水箱水垢很厚,最好还是先用水箱清洗剂彻底清洗后再添注防冻冷却液。防冻冷却液的防冻功能主要表现在它的冰点上。水的冰点是0摄氏度,而防冻冷却液的冰点是可以调整的,一般在0摄氏度至-70摄氏度之间。防冻液应该是两年换一次。防冻液的颜色是人为添加的,不能作为评价其优劣的标准。选择防冻液要根据本地区的气候选择。一般低于本地区最低气温10摄氏度即可。比如北京地区冬季最低气温约是-15摄氏度,那么选择-25摄氏度的防冻液就足够了。

为了使汽车保持良好的冷却性能，日常使用防冻液要注意以下4个方面：

（1）防冻液应装入塑料容器中并加盖密封，以防掉入脏物。严禁用镀锌桶储存，因为防冻液与锌产生的白色沉淀物会堵塞散热器水管。

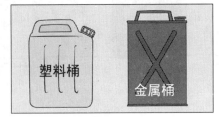

（2）在进行二级和三级维护时，应将防冻液放出，沉淀之后去除脏物，再将其加入散热器中，并补充防冻液。

（3）禁止在汽车行驶过程中，因防冻液不足而加入不干净的水，否则会破坏防冻液的有效成分，造成不良后果。

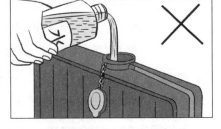

（4）根据地区、气候的不同选用不同的防冻液，不要过分追求低的冰点，否则会增加成本，造成浪费。

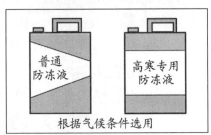

根据气候条件选用

敬告驾驶人

防冻防腐冷却液，汽车使用很便捷。
塑桶装储为安全，镀锌器存为大戒。
定期沉淀去脏物，确保动力不下跌。

※ 车辆防盗小窍门

日常生活中,汽车被盗、车辆被撬、被砸、丢失物品的现象偶有发生。作为驾驶人,除了对车辆有必要安装防盗装置外,应该尽可能多掌握一些防盗的技巧。下面向大家着重介绍几个方法。

1. 停车应选择有人值守的停车场,临时停车应选择地势开阔、路线单一或行人众多的停车场地停车,并熄灭发动车,取下钥匙,锁好车门车窗,使窃贼无法下手,这样即使车辆被盗后也不易很快离开现场,难逃搜查视野。

2. 夜间停车应停放在明亮场所,既有利于防止他车碰撞,也使窃贼畏惧光亮,无法下手。

3. 停车时把车轮转过一定角度，使窃贼不能把车推走或拖走。因为有很多盗车贼是先把车推至无人处才下手的。

4. 车内不要放置贵重物品，防止让窃贼惦记。许多汽车车窗玻璃被砸的案件，一个不可忽视的原因是事主在车内放置了贵重物品，诱使窃贼铤而走险。

5. 外装汽车附件，如车胎、备用轮胎、灯具、蓄电池等器件，可选用特殊防盗螺丝安装固定，使窃贼无专用工具不能得逞。

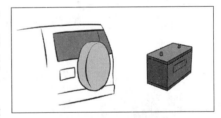

6. 带好车钥匙，加强对防盗装置的维护并保护防盗装置的秘密机关和密码，不要外传。此外，用电子钥匙锁好车门后，要用手拉下车门检查是否锁好，确认锁好后再离开。

7. 防止坏人拉车门抢包。以往，汽车在路口等灯时，犯罪分子拉开车门抢走事主贵重物品的现象偶有发生，尤其是一些女同志被抢的现象最多。因此，提示驾驶人在驾车中不要把手包、手机等贵重物品放在副驾驶座上,注意锁好中控锁,以防窃贼作案得手。另外,当车辆发生故障或与他车发生事故时,驾驶人在下车之后也要锁好车门,保管好物品,以免中了"拍车门"犯罪分子的诡计。

8. 不要把后备箱当成"储存间",尤其是有的男士,常喜欢把"私房钱"存放在后备箱内。在各城区,每到夜晚,汽车后备箱被撬砸的案件时有发生,使车主丢失了大量的贵重物品。

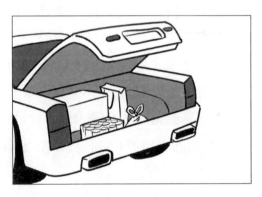

大千世界怎无贼,防盗防抢躲是非。
车辆停放莫随意,别让物品诱惑贼。
警惕二字常记住,免中窃贼小诡计。

后 记

当此收笔之际,自己仍被那一幕幕交通事故的惨烈场景所震撼,那瞬间逝去的鲜活的生命,那撕心裂肺的亲人的呼喊,那事故发生后在家庭中频频演绎的更为悲惨的生活……无不向我们、向社会、向所有道路交通参与者发出警示:一定要牢固树立守法意识和安全意识,提高防范能力;否则,交通事故的悲剧会随时重演。

本书在编写过程中,得到了公安部交通管理局、中国道路交通安全协会、北京市公安局公安交通管理局领导的大力支持和指导,特别是长期从事道路交通安全工作的专家范立老师还为本书作序,这不仅增强了自己撰写书稿的动力,更增加了我出版该书的决心和对全社会交通安全宣传教育工作尽绵薄之力的责任意识。另外,还有和我一起工作的一些同事,为此书的资料整理、稿件校对等都做了大量的工作,在此一并表示诚挚的谢意。

此书在文字的斟酌、事件叙述等方面定有疏漏之处,恳请读者见谅指正。

谨此补拙,是为后记。

张 成
2013 年 3 月